L'ÉTAT MODERNE «NON-CONFESSIONNEL» ET LE MESSAGE CHRÉTIEN

Gustave Thils

L'ÉTAT MODERNE

«NON-CONFESSIONNEL»

ET LE

MESSAGE CHRÉTIEN

Louvain-la-Neuve

1992

LIBRAIRIE PEETERS
GRAND-RUE 56
B-1348 LOUVAIN-LA-NEUVE

Dépôt en France:
«LA PROCURE»
3, RUE DE MÉZIÈRES
75006 PARIS

FACULTÉ DE THÉOLOGIE
45 GRAND-PLACE
B1348 LOUVAIN-LA-NEUVE

ISBN 90-6831-385-1
D. 1992/0602/6

INTRODUCTION

Au cours de son quatrième voyage en France, le 11 octobre
1988, le Pape Jean-Paul II a été reçu par le Parlement européen. Il
y prononça un Discours qui révèle les grands traits de sa position
sur la place et le statut de l'Église dans l'État moderne.

Jean-Paul II précisa notamment ce qu'il attendait de la "liberté
civile et politique". Ce n'est pas la marginalisation de l'Église ou des
religions, ni d'autre part un retour à l'ordre "ancien" du genre
médiéval, mais bien une liberté civile qui garantit pleinement la
liberté religieuse. "Chez certains, la liberté civile et politique, jadis
conquise par un renversement de l'ordre ancien fondé sur la loi
religieuse, est encore conçu comme allant de pair avec la
marginalisation, voire la suppression de la religion, dans laquelle
on a tendance à voir un système d'aliénation. Pour certains
croyants, en sens inverse, une vie conforme à la foi ne serait
possible que par un retour à cet ordre ancien, d'ailleurs souvent
idéalisé. Ces deux attitudes antagonistes n'apportent pas de
solution compatible avec le message chrétien et le génie de
l'Europe".

Un peu plus loin dans ce discours, Jean-Paul II revient sur le
même thème, évoque la chrétienté latine médiévale et la tentation
intégraliste, pour conclure semblablement que cette position n'est
pas compatible avec le génie de l'Europe, ni avec le message
chrétien. "Notre histoire européenne montre abondamment
combien souvent la frontière entre 'ce qui est à César' et 'ce qui est
à Dieu' a été franchie dans les deux sens. La chrétienté latine
médiévale — pour ne mentionner qu'elle —, qui pourtant a
théoriquement élaboré, en reprenant la grande tradition
d'Aristote, la conception naturelle de l'État, n'a pas toujours
échappé à la tentation intégraliste d'exclure de la communauté

temporelle ceux qui ne professaient pas la vraie foi. L'intégralisme religieux, sans distinction entre la sphère de la foi et celle de la vie civile, aujourd'hui encore pratiquée sous d'autres cieux, paraît incompatible avec le génie propre de l'Europe tel que l'a façonné le message chrétien".

Parlant de cette manière, le Pape évoque une situation de "liberté civile" en matière de religion qui implique un réel pluralisme. Et il le décrit avec optimisme : "Car lorsque règne la liberté civile et que se trouve pleinement garantie la liberté religieuse, la foi ne peut que gagner en vigueur en relevant le défi que lui adresse l'incroyance, et l'athéisme ne peut que mesurer ses limites devant le défi que lui adresse la foi"[1].

Au Colloque de Klingenthal (octobre 1989), le secrétaire du Conseil Pontifical pour le Dialogue avec les Non-croyants, a rappelé ce Discours de Strasbourg et en a résumé la signification comme suit : "Contrairement à ce que certains pourraient penser, le pape n'offre pas la vision d'une Europe spirituellement unitaire, il ne propose pas la vision d'une chrétienté médiévale, loin de là"[2].

Le Discours de Jean-Paul II au Parlement européen comporte une brève mais éclairante incise, qui n'a peut-être pas été suffisamment remarquée. La chrétienté latine médiévale, disait le Pape, "qui pourtant a théoriquement élaboré, en reprenant la grande tradition d'Aristote, la conception naturelle de l'État...". La chrétienté médiévale a donc "élaboré la conception naturelle de l'État", en "reprenant la grande tradition d'Aristote". L'allusion ne manifeste aucune réprobation, au contraire : c'est en négligeant cette œuvre d'élaboration théorique que la chrétienté médiévale a parfois succombé à la tentation intégraliste d'exclure... Les conceptions aristotélicienne et médiévale de l'État ont été analysées par les historiens du droit et de la philosophie. Il nous suffit ici d'avoir signalé la rapide évocation du Pape à la "connaissance naturelle de l'État".

Tout récemment, dans un contexte européen, Jean-Paul II s'exprima sur la "neutralité idéologique", en l'approuvant comme valeur fondamentale d'ordre social. C'était au cours du voyage en Pologne, en juin 1991. Le 3 juin, aux fidèles de Lubaczow, il dit : "... le postulat de la neutralité idéologique est juste, principalement au sens où l'État devrait protéger la liberté de conscience et de confession de tous les citoyens, indépendamment de la religion ou de l'idéologie qu'ils professent" (OR 3-4 juin 1991, p. 9). Et le 8 juin, dans un Discours au Corps diplomatique, le Pape insistait sur la nécessité de promouvoir et garantir la sécurité, "à côté de valeurs fondamentales d'ordre social, telles que la neutralité idéologique, la dignité de l'homme comme source de ses droits, le primat de la personne humaine par rapport à la société, le respect des normes juridiques démocratiquement reconnues, le pluralisme des structures sociales" (DC 1991,695).

Ainsi est-on amené à s'intéresser de plus près à cet État "moderne", État de droit et non-confessionnel. Depuis l'époque du Concile Vatican II, les enseignements ecclésiastiques majeurs l'accueillent, quant à l'essentiel. Pourtant, il est plutôt malaisé, aujourd'hui encore, d'en aborder l'examen de façon sereine, détendue. Et non sans quelque raison d'ailleurs.

☆ ☆ ☆

Que l'on parle d'"État laïque" ou d'"État non-confessionnel", on ne peut s'abstraire d'un contexte historique de polémiques et de discussions sans cesse renaissantes.

Nous, catholiques, confessons un message, une foi : Dieu et la religion, Jésus-Christ et la révélation, l'Église et le clergé. En réalité, ces doctrines présentent des difficultés et des apories pluriformes.

Tout d'abord, elles peuvent être refusées par des esprits qui se posent mille questions concernant Dieu et ce qu'on en dit, concernant la religion et ce qui l'exprime en divers endroits, sur la révélation et les médiations qui nous la transmettent, sur Jésus-Christ et sa divinité, sur l'Église et l'image du clergé à certaines époques de l'histoire. L'Église reconnaît d'ailleurs que, en tout temps, "elle est appelée par le Christ à cette réforme (reformationem) permanente dont elle a perpétuellement besoin en tant qu'institution humaine et terrestre" (Décret sur l'œcuménisme, 6).

D'autre part, le refus de Dieu, de la révélation, de l'Église peut prendre forme de manières diverses. Ce peut être la réticence de celui qui estime que tel ou tel de ces domaines ne se présente pas à lui avec une crédibilité suffisante, condition que l'apologétique classique requiert comme prélude à l'accueil raisonnable d'une donnée de la foi. Ce peut être également un refus collectif et agressif, s'accompagnant de pamphlets et d'agitation politique, orchestrant le thème fondamental de l'"anticléricalisme" ou celui de l'"athéisme" militant.

Il serait heureux que l'on puisse s'entretenir de la non-confessionnalité de l'État en transcendant — fût-ce temporairement — la turbulence et la pression de ce contexte historique. Certains milieux "laïques" français estiment même que les circonstances actuelles appellent une mise à jour, un renouvellement, de la laïcité. Ils veulent, tout d'abord, dépasser le niveau de la confrontation classique "laïques-catholiques". Ils rejettent également une attitude "négative", réductrice ou marginalisante, pour tout le domaine "religieux". Ils entendent au contraire élaborer et promouvoir une doctrine qui fasse référence à un ensemble de "valeurs", celles qui fondent la solidarité, la démocratie, le pluralisme, un pluralisme effectif.

Et par ailleurs, lorsque l'on parcourt les déclarations pontificales et épiscopales de ces dernières décennies concernant l'État et sa nature, on entend de plus en plus couramment parler de l'État "de droit", État "démocratique", "pluraliste", "social", et même "laïc" au sens de non-confessionnel[3]. On peut, à la fois, estimer que la laïcité ouverte est précaire tout en dialoguant sans aigreur sur la non-confessionnalité de l'État.

La méfiance des croyants à l'égard de la "non-confessionnalité" de l'État peut avoir une autre origine : cet État "non-confessionnel" est conçu, imaginé, appréhendé comme un État coupé des valeurs, en marge des valeurs, sans lien avec elles.

Or, de par sa nature même, pourrait-on dire, l'État "moderne" implique et incarne certaines valeurs fondamentales pour une société. L'État moderne est un État "de droit" ("lo Stato di diritto", le "Rechtsstaat). Semblable État reconnaît lui-même qu'il est tenu par des règles juridiques préétablies visant au bien des citoyens, individus et communautés. Il est défini par sa mission de protéger à tous égards des droits qui lui sont antérieurs, qui n'émanent pas de lui. — Cet État est "démocratique" : les citoyens ont le droit d'élire leurs gouvernants, de contrôler leurs activités, de changer éventuellement la composition de leurs assemblées. — Cet État est "pluraliste" : il garantit l'exercice des droits religieux fondamentaux à tous les citoyens, quelle que soit leur option philosophico-religieuse foncière. Tel est, en gros traits, et en "devenir" historique, l'État dit "moderne", celui qui s'est déployé au cours des derniers siècles, en Occident, en Europe notamment, celui vers lequel s'orientent de nombreux États des autres continents aujourd'hui. Il est fort éloigné d'une conception plus ou moins ancienne, d'esprit "paternaliste", parfois "théocratique" ou formellement "éthique".

L'État moderne est également en rapport avec des valeurs lorsqu'on en considère les activités. Sa tâche fondamentale étant de protéger les droits fondamentaux de tous les citoyens et à en harmoniser l'exercice, il est ainsi amené à promouvoir certaines valeurs, mais en conformité avec le tracé de sa compétence, à savoir : en créant et maintenant les conditions de vie sociale dans lesquelles tous les citoyens seront en état d'exercer les divers droits qui se rapportent à ces valeurs, et compte tenu des droits d'un chacun.

Et puisque l'État moderne est un État de "droit", quelle est la pensée des juristes sur le lien existant entre "droit" et "valeurs" ? Dans un court chapitre au titre déjà significatif, *La fin du droit : les valeurs* [4], M.F. Rigaux répond : à ce propos, la science du droit a adopté trois attitudes distinctes. La première, la science pure du droit, qui donne au positivisme juridique une expression marquante, prétend en asseoir la validité sans recourir à l'idée de valeur. La deuxième, aux antipodes, se situe dans la tradition du droit naturel; il appartient au législateur de s'inspirer des lois naturelles. Une troisième voie a pour caractéristique d'introduire dans le droit positif certaines valeurs du droit naturel : pour les uns, cette introduction est l'accueil d'un héritage du passé; pour d'autres, il représente une prospective, un avenir. Ces valeurs, explique F. Rigaux, c'est l'ordre, la paix, la sécurité publique, l'égalité, la justice. "Ces valeurs ne doivent pas être purement formelles (ordre, paix, sécurité juridique), mais transformer le droit en un projet de société future, qui tende à l'égalité (c'est-à-dire à la liberté pour tous) et à la justice" (p. 373). On le voit, les valeurs ne sont pas absentes, loin de là !

Un autre écueil est à prévenir également lorsqu'on envisage des échanges sur le thème qui nous occupe. On ne peut attendre d'une perspective théologique qu'elle puisse constituer un critère précis et décisif permettant de porter un jugement favorable ou défavorable sur toutes les configurations historiques et toutes les activités ecclésiastiques de tous les temps. La réalité ecclésiale, dans le seul Occident, voire dans la seule Europe, est d'une hallucinante "multiformité". Pluriformité dans la conception de l'État, de sa nature, de sa mission, de sa compétence. Pluriformité de la doctrine fixant, au cours des siècles, la nature des relations entre Pouvoir public et Pouvoir ecclésiastique, entre Église et État.

Pluriformité de certaines situations de "privilèges", ou d'avantages coutumiers, ou au contraire de défaveurs ou de restrictions traditionnelles, et ce, dans les divers peuples, les diverses nations.

En somme, la théologie demeure au niveau de positions générales, globales, réellement présentes et actives en toutes les situations, mais selon une forme, une manière diversifiée[5].

L'enseignement de l'Église sur la société ne parviendra donc pas, en cette fin du XXe siècle, à un stade d'élaboration parfait, ultime. Personne n'y pense. La révélation chrétienne ne propose pas un "modèle" d'État à estimer comme essentiel au message divin; et les autorités ecclésiastiques n'ont pu ni voulu s'exprimer sur ce point avec l'autorité d'un engagement magistériel définitif. Toutefois, étant donné l'influence globale que les structures de gouvernement ont exercée sur les populations au cours des siècles, on pourra estimer que telle ou telle structure, que telle ou telle influence, est en harmonie ou en dysharmonie plus ou moins caractérisée avec les données foncières de la révélation chrétienne. On proposera donc ici, non le type précis d'État méritant une sorte de canonisation ecclésiastique, mais les composantes essentielles requises d'une forme de gouvernement ou d'État pour que celle-ci puisse être considérée comme "acceptable", voire "meilleure", par les représentants autorisés de l'enseignement chrétien.

Cette condition "médiatrice" de l'enseignement social de l'Église — situé entre la révélation elle-même et la praxis politique immédiate — est particulièrement délicate, et peut être à l'origine de nombreux malentendus. Et même, précise la Congrégation pour l'Éducation catholique, "la doctrine sociale de l'Église, à cause de son caractère de médiation entre l'Évangile et la réalité concrète de l'homme et de la société, a besoin d'être continuellement mise à jour et rendue apte à répondre aux nouvelles situations du monde et de l'histoire"[6].

☆ ☆ ☆

L'État, disait le Pape Jean-Paul II, le 12 janvier 1979, dans sa première Allocution aux diplomates accrédités près le Saint-Siège, est "l'expression de l'autodétermination souveraine des peuples et des nations". Puis, il insistait : ces diplomates sont "surtout" les "représentants des peuples et des nations qui, à travers ces structures politiques, manifestent leur souveraineté, leur indépendance politique et la possibilité de décider de leur destinée de façon autonome" (DC 1979,107). Dès lors, en nos régions et de notre temps, en Occident, ou en Europe, quels citoyens envisageraient d'élire un gouvernement qui s'estimerait être compétent et autorisé à fixer lui-même leurs choix d'ordre esthétique, leurs prédilections artistiques, leurs préférences scientifiques, leurs options d'ordre philosophique, leurs décisions de nature éthique, leurs croyances religieuses ? Or, c'est pour ce type de droits et de leur juste exercice qu'est envisagée ici la "non-confessionnalité" de l'État.

Dans les pages qui suivent, le lecteur trouvera d'abord l'assise théologique de la réflexion proposée sur les différents aspects de l'État non-confessionnel. Le chapitre premier, qui lui est consacré, n'est pas une sorte de guirlande pieuse destinée à agrémenter, comme il convient, le début d'une étude portant sur un enseignement de l'Église. Le lecteur qui n'aurait pas perçu et assimilé — ou qui ne porterait pas déjà en lui — la donnée doctrinale qui y est présentée sera moins bien préparé à saisir en toute vérité les considérations qui suivront sur l'État non-confessionnel. Ces considérations constituent le fondement même d'une réflexion "d'inspiration chrétienne" sur l'État non-confessionnel, sa condition, sa nature, sans oublier la relation qu'il peut vérifier avec la foi chrétienne, à savoir Dieu, l'Esprit, le salut, et même le culte.

Par ce modeste dossier, je voudrais rendre service à ceux qui seraient amenés à examiner de plus près certains changements capitaux qui sont en cours dans les relations entre l'Église catholique et les États modernes.

I- PRÉLIMINAIRES D'ORDRE THÉOLOGIQUE

Inaugurer ces recherches par un rappel de la doctrine conciliaire relative aux "réalités terrestres", leur consistance, leur vérité, leur qualité même d'"offrandes spirituelles", n'est pas un hors-d'œuvre, mais tout simplement le meilleur cheminement intellectuel permettant de faciliter la compréhension de ce que peut être, à sa manière, une de ces réalités terrestres, à savoir, l'État. Tout ce qui sera dit de celui-ci est établi en référence à ce que représentent celles-là.

1- Quelques positions de Vatican II

Voici tout d'abord une "perspective majeure" de ce qui va suivre. Elle est formulée clairement sur ce sujet dans la Constitution pastorale *Gaudium et spes*, 36, qui précise la position conciliaire. Le document regrette à cette occasion les malentendus ayant affecté les relations science et foi, et il cite, en note, une biographie de Galilée.

"Si, par autonomie des réalités terrestres, on veut dire que les choses créées et les sociétés elles-mêmes ont leurs lois et leurs valeurs propres, que l'homme doit peu à peu apprendre à connaître, à utiliser et à organiser, une telle exigence d'autonomie est pleinement légitime : non seulement elle est revendiquée par les hommes de notre temps, mais elle correspond à la volonté du Créateur. C'est en vertu de la création même que toutes choses sont établies selon leur consistance, leur vérité et leur excellence propres, avec leur ordonnance et leurs lois spécifiques. L'homme doit respecter tout cela et doit reconnaître les méthodes particulières à chacune des sciences et techniques. C'est pourquoi la recherche méthodique, dans tous les domaines du savoir, si elle est menée d'une manière vraiment scientifique et si elle suit les normes de la morale, ne sera jamais réellement opposée à la foi : les réalités profanes et celles de la foi trouvent leur origine dans le même Dieu. Bien plus, celui qui s'efforce, avec persévérance et humilité, de pénétrer les secrets des choses, celui-là, même s'il n'en a pas conscience, est comme conduit par la main de Dieu, qui soutient tous les êtres et les fait ce qu'ils sont. A ce propos, qu'on nous permette de déplorer certaines attitudes qui ont existé parmi les chrétiens eux-mêmes, insuffisamment avertis de la légitime autonomie de la science. Sources de tension et de conflits, elles ont conduit beaucoup d'esprits jusqu'à penser que science et foi s'opposaient." À noter : "... et les *sociétés* elles-mêmes".

Mais si, par "autonomie du temporel", on veut dire que les choses créées ne dépendent pas de Dieu et que l'homme peut en disposer sans référence au Créateur, la fausseté de tels propos ne peut échapper à quiconque reconnaît Dieu. En effet, la créature sans Créateur s'évanouit".

Ce thème reparaît régulièrement et il est redit de diverses manières que le déploiement universel et multiforme de l'hominisation et de l'humanisation de la planète correspond au "dessein de Dieu" et se réalise grâce au "dynamisme de l'Esprit".

En effet, "pour les croyants, une chose est certaine : considérée en elle-même, l'activité humaine individuelle et collective, ce gigantesque effort par lequel les hommes, tout au long des siècles, s'acharnent à améliorer leurs conditions de vie, correspond au dessein de Dieu... Cet enseignement vaut aussi pour les activités les plus quotidiennes... [qui sont] un prolongement de l'œuvre du Créateur, un service fraternel, un apport personnel à la réalisation du dessein providentiel dans l'histoire... Mais plus grandit le pouvoir de l'homme, plus s'élargit le champ de ses responsabilités personnelles et communautaires" (*Gaudium et spes*, 34).

Peu avant, la même constitution pastorale avait appelé à promouvoir le bien commun, "c'est-à-dire cet ensemble de conditions sociales qui permettent, tant aux groupes qu'à chacun de leurs membres, d'atteindre leur perfection d'une façon plus totale et plus aisée", si bien qu'il faut "rendre accessible à l'homme tout ce dont il a besoin pour mener une vie vraiment humaine, par exemple : nourriture, vêtement, habitat, droit de choisir librement son état de vie et de fonder une famille, droit à l'éducation, au travail, à la réputation, au respect, à une information convenable".

Et elle concluait par ces mots, simples mais frappants : "L'Esprit de Dieu, qui par une providence admirable conduit le cours des temps et rénove la face de la terre, est présent à cette évolution, *huic evolutioni adest* " (n. 26).

L'appréciation "positive" des réalités terrestres et des activités séculières est manifeste également dans la Constitution dogmatique *Lumen gentium*. Au n.10, celle-ci déclare : tous les baptisés peuvent exercer un "sacerdoce commun", en ce sens que "par toutes les activités du chrétien, ils offrent autant de sacrifices spirituels" : *per omnia opera hominis christiani*. Et le n.34 précise opportunément : "toutes" les activités, celles qu'on appelle séculières sous les formes les plus diverses aussi bien que celles qui appartiennent au registre religieux. En effet, "toutes leurs activités, leurs prières et leurs entreprises apostoliques, leur vie conjugale et familiale, leurs labeurs quotidiens, leurs détentes d'esprit et de corps, s'ils sont vécus dans l'Esprit de Dieu — et même les épreuves de la vie, pourvu qu'elles soient patiemment supportées — tout cela devient 'offrandes spirituelles, agréables à Dieu par Jésus-Christ' (1 Pierre 2,5)". Prières, activités humaines, conditions temporelles d'existence, toutes ces activités peuvent être vécues, comme "offrandes" et "*in Spiritu* ".

☆ ☆ ☆

On rencontre souvent, au cours de lectures, des couples antithétiques comme "matière-esprit", "chair-esprit", "temporel-spirituel". Ces expressions certes disent bien ce qu'elles évoquent; mais elles ont aussi leurs inconvénients, d'après qu'elles se trouvent dans des écrits littéraires, historiques, politiques ou théologiques.

Ainsi, le couple "chair-esprit", en théologie biblique, est assez différent de ce qu'il signifie couramment. "Spirituel", au sens fort de la révélation chrétienne, signifie "dans l'Esprit-Saint", ce que les chrétiens appellent parfois "être en état de grâce". Est "spirituel", en ce sens biblique, celui qui est sous l'influence de l'Esprit (Col 1,9), celui en l'âme duquel l'Esprit habite (1 Co 2,12), celui dont le corps est animé par l'Esprit (1 Co 15,44), celui dont les œuvres sont vivifiées par l'Esprit (1 Co 2,13). Et la vie "spirituelle" est, avant tout, non pas la vie mentale, ni la vie intérieure, mais la vie "dans l'Esprit-Saint". Aussi, lorsque l'on lit dans *Lumen gentium*, 34, que la "vie conjugale", vécue comme il se doit, est une "offrande spirituelle", on perçoit combien Vatican II a appuyé la valorisation des réalités terrestres.

Cette manière biblique d'entendre le terme "spirituel" a également été appliquée au couple "temporel-spirituel". Et ici également, au lieu de se présenter comme "antithétique", l'expression acquiert une amplitude totale : le temporel, *dans son entièreté*, s'il est vécu "dans l'Esprit", peut être dit "spirituel". Nous y reviendrons ci-après.

Tout en étant réellement "spirituelles", à savoir vécues "*in Spiritu* ", fait observer Mgr Philips dans son commentaire de *Lumen gentium*, ces réalités conservent leur pleine consistance. "Le danger n'est-il pas réel d'interpréter la 'consécration' des valeurs séculières dans le sens d'une *sacralisation* qui leur ferait perdre leur essence et leur destination séculières ? ... Sans soustraire le profane à sa destination ultime (car là se trouve l'erreur d'une laïcisation justement condamnée), le Concile s'est efforcé de ne pas mélanger les deux domaines, ni d'en fournir l'occasion aux autres. Le temporel reste dans le temps. La sanctification mise en vedette ne prive d'aucune manière le monde de sa valeur propre. La sanctification ne détruit rien; elle élève et ennoblit ce qu'elle touche"[7].

Récemment encore, en juin 1989, dans les "Orientations" qu'elle donnait pour l'enseignement de l'Église en matière sociale, la Congrégation pour l'Éducation catholique attirait l'attention sur ce point : "... évangéliser la totalité de l'existence humaine, la dimension politique y comprise, ne signifie pas nier l'autonomie de la réalité politique, comme celle de l'économie, de la culture, de la technique, etc., chacune dans son ordre" (n.63)[8].

2- Attitudes anciennes et positions actuelles

En fait, il n'en fut pas toujours ainsi.

Première illustration, relative à l'époque des Pères. Voici comment se présente le sacerdoce des baptisés dans la pensée des Pères de l'Église telle qu'on peut la décrire dans un aperçu d'ensemble. "... l'antiquité chrétienne considère les métiers — c'est-à-dire les diverses formes d'activité de l'homme dans le monde — comme indifférents; ... le métier n'a pas alors valeur en lui-même mais en tant que symbole de l'activité morale. Cette indifférence des divers métiers s'explique dans la conception de l'histoire qu'ont les Pères : l'histoire a atteint sa fin dans l'événement de

Jésus-Christ; pour les Pères, ... il n'y a plus vraiment une aventure où l'homme humanise progressivement le monde; il n'y a dès lors pas de véritable théologie de l'histoire humaine mais uniquement une théologie de l'histoire du salut au sens strict du terme. Pour les Pères, le laïc comme le ministre est consacré aux choses de Dieu et il n'y a pas deux tâches distinctes : un laïcat, service chrétien du monde, et un ministère évangélique"[9]. Ces perspectives générales ne peuvent relever tous les filons doctrinaux de l'époque et certaines affirmations seraient à soumettre à examen. Mais on devra reconnaître que les fruits des potentialités humaines en ce monde et dans l'histoire n'y sont pas appréciés de manière outrancière.

Ce courant a persisté pendant le haut Moyen âge. Si les milieux ecclésiastiques, et spécialement monastiques, ont œuvré à l'élaboration d'une civilisation centrée sur la foi en Dieu et axée sur des perspectives d'éternité; si ces milieux eurent une part prépondérante dans le maintien et la transmission des œuvres de la culture ancienne, celle-ci était accueillie et perçue, en ordre principal, en ce qu'elle pouvait faciliter et même conditionner l'intelligence et l'interprétation des vérités de la foi chrétienne. Ainsi, par exemple[10], chez Boèce, soit au début du VIe siècle, "cette culture est épurée de tout ce qui n'oriente pas l'esprit vers Dieu, vers un Dieu créateur et providence, 'c'est-à-dire vers le Dieu chrétien et, par souci de mettre la pensée païenne au service de la foi comme par son culte du syllogisme, le ministre de Théodoric est déjà un homme du Moyen âge" (p. 55). L'étude des autres païens est en ces temps très vivante en divers lieux. "Qu'on ne s'abuse pas toutefois sur l'état d'esprit des clercs de l'époque. Pour beaucoup, l'étude des auteurs païens n'est qu'un pis aller; ils s'en dispenseraient volontiers s'ils disposaient de 'sommes' chrétiennes où soient reprises et réunies toutes les notions utiles à l'exégèse et la théologie, éparses dans les œuvres de l'Antiquité; c'est là un des mobiles qui poussent à la rédaction d'Encyclopédies et assurent la vogue de celles-ci. Pour tous, elle n'a pas sa fin en soi et n'est légitime que dans la mesure où elle prépare et introduit aux sciences sacrées. Le savoir qui consiste à ne rien rechercher d'autre que la connaissance est une curiosité sans profit qui détourne de Dieu. Le vrai but de l'esprit est la connaissance et l'amour de Dieu. Ces phrases d'Augustin définissent exactement l'attitude des gens d'Église, de Cassiodore en Italie à Alcuin en Angleterre" (p. 58-59).

Dans la suite de l'histoire de la pensée, le rôle de la raison, de la liberté, de l'humanité a été développé et défendu par les maîtres chrétiens : l'histoire de la philosophie en témoigne, comme celle de la théologie et de la spiritualité. Ainsi, dans un aperçu historique sur l'attitude de l'Église à l'égard des "droits humains", le P.J.Joblin résumait en trois propositions "l'originalité de saint Thomas", pour qui : "a) le comportement de l'homme ne s'analyse pas seulement en termes religieux; b) la nature a une consistance propre et des fins propres qu'elle poursuit par des moyens qui appartiennent à son ordre; c) il suit de là que l'homme qui est un être naturel doit se comporter selon sa nature raisonnable pour tout ce qui regarde l'ordre de la nature"[11]. Toutefois, on sait que la Révolution de 1789 et le Syllabus furent encore le lieu de débats et de malentendus nombreux.

On comprendra, dès lors, que la pensée conciliaire de Vatican II concernant les "réalités terrestres", les "sociétés" également, avec "leur consistance, leur vérité et leur excellence propres, avec leur ordonnance et leurs lois spécifiques" — apparaisse à certains comme une adoption trop tardive de la valeur "intrinsèque", et non "instrumentale", des fruits de la rationalité, de la sociabilité, de la liberté, bref de l'œuvre des potentialités humaines mises en branle par le Créateur lui-même.

Tel est le sentiment des "humanistes". Mais ils ne sont pas sans appuis. Ainsi, quelques années après le Concile, un éminent juriste, P.A. d'Avack, proposant un aperçu d'ensemble sur les changements survenus après Vatican II dans les relations Église-État[12], signalait, comme premier élément de la mutation, la caractéristique suivante : avant le Concile, "strumentalità dell' ordine temporale al servizio dello spirituale" (p. 22-23). En bref, et schématiquement, les biens temporels n'ont de contenu, de justification que celle d'être des "instruments" dans la poursuite du salut éternel. Quant à l'époque post-conciliaire, elle est décrite : "autonomia dell'ordine temporale dallo spirituale e sua valorizzazione a opera del medesimo" (p. 30-32). Désormais, les *res humani juris* sont valorisées et entretiennent un nouveau type de relation avec les *res divini juris*; et celles-ci comportent même la promotion et la défense des "*cose mortali*", comme disent les juristes.

Aujourd'hui, et de manière prédominante, les analyses et le ton sont prudemment mais réellement optimistes. En voici une seule illustration, qui suffira à notre propos. Le 18 janvier 1983, recevant les membres du *Conseil Pontifical pour la Culture*, Jean-Paul II les invita à l'évangélisation des cultures, puis s'étendit longuement sur "ce que les chrétiens ont à recevoir" : "Dans cette relation dynamique de l'Église et du monde contemporain, dit-il, *les chrétiens ont beaucoup à recevoir...* Songeons en effet aux résultats des recherches scientifiques pour une meilleure connaissance de l'univers, pour un approfondissement du mystère de l'homme, pensons aux bienfaits que peuvent procurer à la société et à l'Église les nouveaux moyens de communication et de rencontre entre les hommes, et surtout de promouvoir l'éducation des masses, de guérir les maladies réputées autrefois incurables. Quelles réalisations admirables. Tout cela est à l'honneur de l'homme. Et tout cela a grandement bénéficié à l'Église elle-même, dans sa vie, son organisation, son travail et son œuvre propre. Il est donc normal que le Peuple de Dieu, solidaire du monde dans lequel il vit, reconnaisse les découvertes et les réalisations de ses contemporains et y participe dans toute la mesure du possible, pour que l'homme lui-même croisse et se développe en plénitude"[13].

3- Le rapport "temporel"-"spirituel"

Dans une étude intitulée *L'Église et le temporel. Vers une nouvelle conception*, G. Martelet attire l'attention sur la portée donnée par le Concile Vatican II au couple "temporel-spirituel"[14]. En fait, cette conception nouvelle reprend la conception biblique de l'antique tradition.

Le terme "temporel", lorsqu'il est utilisé dans le monde ecclésiastique, évoque fréquemment la doctrine médiévale des deux "Pouvoirs", avec la subordination du temporel au spirituel. "En signe des choses spirituelles, disait par exemple Innocent III, le Christ me donna la mitre, et en signe des choses temporelles, la tiare : la mitre comme pape, la tiare comme roi" (p. 519). Telle était la structure de la chrétienté : les synthèses des deux pouvoirs sont diverses, mais la juridiction temporelle est subalternée au pouvoir spirituel.

Lumen gentium, au contraire, établit l'entièreté du temporel en relation avec le Royaume. Ce "temporel" intégral, pour le message chrétien, conserve son caractère "propre", sa consistance, ses lois, sa vérité; mais il n'est compris et interprété pleinement que s'il est relié à l'eschatologie. Le chapitre VII de

Lumen gentium s'y rapporte. On y lit que "la foi nous instruit sur la signification de notre vie temporelle quand, avec l'espoir des biens futurs, nous menons à sa fin l'œuvre que le Père nous a confiée dans le monde et que nous travaillons à notre salut" (n.48).

"Ce texte est capital, écrit G. Martelet, pour comprendre la vraie nature du temporel que l'on peut désormais nettement définir. Le temporel ne désigne d'abord ni une juridiction, ni un pouvoir, ni un 'glaive', mais un ordre d'existence et de vie; ou plutôt il est l'existence et la vie en tant que confrontées à l'espérance qui les traverse et les domine. Loin donc de vider le temporel de son contenu concret — de ces 'structures de la vie séculière, *vitae saecularis structurae* ', dont parle la Constitution, n.35 — l'espérance le donne vraiment à lui-même en le rapportant à sa définitive 'restitution' " (p. 524).

Et il précise, un peu plus loin : "Le caractère pérégrinal de l'homme, ainsi fortement accusé, ne s'oppose pas à son caractère substantiel, puisque c'est toute la substance humaine que l'eschatologie assume en la dépassant. Le caractère pérégrinal de l'homme indique seulement que la temporalité est commandée par la nécessité eschatologique de s'accomplir en gloire. On comprend aussitôt qu'avec une telle conception du temporel, le spirituel puisse apparaître finalement non comme un règne dominateur mais comme une assomption transformante".

C'est exactement la doctrine proposée par la Commission théologique internationale sur les relations "grâce" et "nature". Sur les rapports entre foi et culture, on y lit : "La grâce respecte la nature, elle la guérit des blessures du péché et elle l'élève. La surélévation à la vie divine est la finalité spécifique de la grâce, mais elle ne peut se réaliser sans que la nature ne soit guérie et sans que l'élévation à l'ordre surnaturel ne porte la nature, dans sa ligne propre, à une plénitude de perfection"[15].

Et le "spirituel", qu'est-il ? C'est, disions-nous au début de ce chapitre, ce qui est vécu "dans l'Esprit". Mais, reconnaît G. Martelet, il n'en a pas été toujours ainsi. "Le moyen âge occidental, de Hugues de Saint-Victor à Cajetan en passant par saint Thomas lui-même, a toujours accepté de réfléchir sur les rapports du spirituel et du temporel à partir des rapports de l'âme et du corps : il en a invariablement conclu à la dépendance du temporel en regard du spirituel. Pour établir une juste conception des choses, le cardinal Humbert rappelle que *'sacerdotium in praesenti Ecclesia assimilari animae, regnum autem corpori'*. D'où il conclut: *'Sicut praeeminet anima et praecipit corpori, sic sacerdotalis dignitas regali, ut puta coelestis terrestri'.* Les théocrates du XIVe siècle ne feront que développer sur le plan théologico-politique les conséquences qu'une expression aussi anthropomorphique de l'hégémonie de l'âme sur le corps, rendait plausibles. Ainsi Gilles de Rome n'hésitera pas à parler d'un *jus* de l'âme sur le corps et d'un *debitum* du corps envers l'âme. Comment pareille lecture symbolique du composé humain n'aurait-elle pas renforcé ce que l'époque véhiculait déjà de tentation théocratique ou du moins cléricale ?" (p. 528).

La Constitution *Lumen gentium*, 38, oriente tout autrement la théologie. S'adressant en particulier aux fidèles laïcs, elle leur dit, par manière de conclusion : "Tous ensemble et chacun pour sa part doivent nourrir le monde des fruits *spirituels* (cf.Gal 5,22)et répandre sur lui cet esprit dont sont animés les pauvres, les doux, les pacifiques, que le Seigneur dans l'Évangile a proclamés bienheureux (cf.Mat 5,3-9). En un mot, 'ce que l'*âme* est dans le *corps*, que les chrétiens le soient dans le monde' ". On a reconnu l'*Épître à Diognète.* "Le spirituel n'est donc plus théocratique et dominateur, à la manière dont un Gilles de Rome se le représentait, mais il est 'pneumatique' et vraiment 'vivificateur' " (p. 529).

II- L'ÉTAT : POSITIONS DE L'ÉGLISE AU XXe SIÈCLE

Parmi les réalités terrestres, on peut citer la communauté humaine aux différentes étapes de son institutionnalisation, et donc l'État et son gouvernement. Mais diverses ont été au cours des temps les conceptions de l'enseignement ecclésiastique concernant la nature et la compétence des Pouvoirs publics, des États. Il nous suffira ici d'en rappeler quelques-unes de notre temps.

1- Position classique anté-conciliaire

Sans remonter aux diverses théories médiévales en ce domaine, voici deux illustrations du XXe siècle.

La première renseigne sur la pensée de Pie X, lorsqu'il expliqua aux évêques de France, avec une réelle bienveillance, les raisons de la condamnation du *Sillon* de Marc Sangnier, le 25 août 1910. Que veut-on faire de la société humaine, interroge le Pape ? "... c'est leur rêve de changer ses bases naturelles et traditionnelles, et de promettre une cité future édifiée sur d'autres principes, qu'ils osent déclarer plus féconds, plus bienfaisants que les principes sur lesquels repose la cité chrétienne actuelle. Non, vénérables Frères — il faut le rappeler énergiquement dans ces temps d'anarchie sociale et intellectuelle où chacun se pose en docteur et en législateur — on ne bâtira pas la cité autrement que Dieu ne l'a bâtie, on n'édifiera pas la société, si l'Église n'en jette les bases et ne dirige les travaux; non, la civilisation n'est plus à inventer, ni la cité nouvelle à bâtir dans les nuées. Elle a été, elle est; c'est la civilisation chrétienne, c'est la cité catholique. Il ne s'agit que de l'instaurer et de la restaurer sans cesse sur ses fondements naturels et divins contre les attaques toujours renaissantes de l'utopie malsaine, de la révolte et de l'impiété : *omnia instaurare in Christo* "[16].

La deuxième illustration est reprise d'un Document proposé par le cardinal A. Ottaviani au cours de la préparation du Concile Vatican II[17]. Ce texte révèle pleinement ses idées, tandis que le même thème, devenu chap. IX du schéma *De Ecclesia* présenté aux Pères conciliaires en décembre 1962, a déjà été aménagé en vue des débats. Voici ce que ce Document contenait concernant les devoirs de l'État à l'égard de la religion.

"Le Pouvoir civil ne peut être indifférent à l'égard de la religion. Institué par Dieu, afin d'aider les hommes à acquérir une perfection vraiment humaine, il doit, non seulement fournir à ses sujets la possibilité de se procurer les biens temporels — soit matériels, soit intellectuels — mais encore favoriser l'affluence des biens spirituels leur permettant de mener une vie humaine de façon religieuse. Or, parmi ces biens, rien de plus important que de connaître et de reconnaître Dieu, puis de remplir ses devoirs envers Dieu : c'est là en effet le fondement de toute vertu privée et, plus encore, publique.

"Ces devoirs envers Dieu obligent envers la Majesté divine, non seulement chacun des citoyens, mais aussi le Pouvoir civil, lequel, dans les actes publics, incarne la Société civile. Dieu est, en effet, l'auteur de la Société civile et la source de tous les biens qui, par elle, découlent en tous ses membres. La Société civile doit donc honorer et servir Dieu. Quant à la manière de servir Dieu, ce ne peut être nulle autre, dans l'économie présente, que celle que Lui-même a déterminée, comme obligatoire, dans la véritable Église du Christ. Et donc, non seulement par les citoyens, mais également par les Autorités qui représentent la Société civile.

"Que le Pouvoir civil ait la faculté de reconnaître la véritable Église du Christ, cela est clair par les signes manifestes de son institution et de sa mission divines, signes donnés à l'Église par son divin Fondateur. Aussi, le Pouvoir civil, et non seulement chacun des citoyens, a le devoir d'accepter la Révélation proposée par l'Église elle-même. De même, dans sa législation, il doit se conformer aux préceptes de la loi naturelle et tenir strictement compte des lois positives, tant divines qu'ecclésiastiques, destinées à conduire les hommes à la béatitude surnaturelle.

"De même que nul homme ne peut servir Dieu de la manière établie par le Christ, s'il ne sait pas clairement que Dieu a parlé par Jésus-Christ, de même la Société divine, elle aussi, ne peut le faire, si d'abord les citoyens n'ont pas une connaissance certaine du fait de la Révélation, tout comme le Pouvoir civil en tant qu'il représente le peuple...

Toutefois, une autre doctrine était déjà en pleine élaboration.

2- Un apport de l'histoire

Le 3 septembre 1946, l'Assemblée Constituante de France votait une nouvelle Constitution, dont l'article premier était libellé comme suit : "La France est une République indivisible, laïque, démocratique et sociale". L'adjectif *laïque* ne figurait pas dans la rédaction primitive; son adjonction est due à un amendement présenté par le communiste M. Fajon. Ainsi, après une "séparation" devenue "légale" à la suite de la loi de 1905, on parvenait, en 1946, à une "laïcité" de valeur "constitutionnelle". Les chrétiens l'adoptèrent également, à la suite de la Déclaration faite, en date du 28 février 1945, par l'Assemblée des Cardinaux et Archevêques de France et de la Déclaration de l'épiscopat français sur la personne humaine, la famille et la société, du 13 novembre 1945.

La Déclaration des Cardinaux et Archevêques de France traitait des "problèmes essentiels de' l'heure présente"[18]. Les principes proposés "sont d'inspiration et de fin strictement morales et spirituelles, ... ils sont étrangers à toute politique de parti". Après avoir évoqué "l'union fraternelle entre tous les fils de la patrie", "le sens de l'autorité de l'État" et "l'exercice de la justice de la part de magistrats qualifiés", la Déclaration aborde la question des "rapports entre l'Église et la société civile". Comme description générale : "L'Église et la société civile sont deux sociétés distinctes, indépendantes chacune dans son domaine propre, mais l'ordre et la paix sociale exigent qu'il existe entre elles un harmonieux accord". L'Église "n'exige de l'État que le respect de son indépendance et la possibilité de remplir efficacement sa mission spirituelle et sociale". De plus, les évêques demandent "que la liberté de l'enseignement, inscrite dans les lois républicaines, soit effectivement assurée, comme elle l'est dans tous les autres pays démocratiques". Cette demande est justifiée à plus d'un titre. D'abord, "au nom des droits les plus sacrés des familles". Également, "au nom des droits de la personne humaine et de ses libertés essentielles, la liberté d'enseignement n'étant que le corollaire naturel et la condition pratique de la liberté de conscience et de pensée". De même, "au nom de la vraie mission de l'État... La mission de l'État n'est pas d'enseigner une doctrine unique dans une école unique, mais, à côté de ses propres écoles ouvertes à tous et respectueuses des convictions de tous, de contrôler, soutenir, stimuler l'enseignement donné par les différentes familles spirituelles de la nation, afin que chacun apporte à l'unité nationale, qui doit être une plénitude, non un étouffement, les richesses propres de son patrimoine moral et culturel". Enfin, "au nom des droits de l'Église et de sa mission d'enseignement, au nom des éminents services qu'elle a rendus à la civilisation dans le passé et qu'elle continue de rendre chaque jour à la nation". La Déclaration aborde alors la question "sociale" et le "scandale de la condition prolétarienne". Cette Déclaration, a dit plus tard le cardinal Gerlier, "a reçu l'assentiment de Rome, puisqu'elle a été reproduite dans l'*Osservatore romano* "[19].

La Déclaration de l'épiscopat français, plus développée, avait pour but de préciser la doctrine de l'Église sur l'établissement de nouvelles institutions[20], afin d'éclairer tous les fidèles et aussi "tous les Français qui, avec nous, reconnaissent les vérités de la loi naturelle et sont résolus à faire de l'unité nationale une réalité" (c.2). Après avoir traité de la personne humaine et de la famille, la Déclaration en arrive à la société civile, et en ordre principal à la "laïcité de l'État" (c.6-8). En voici l'essentiel.

- "Si par ces mots — "laïcité de l'État" — on entend proclamer *la souveraine autonomie de l'État dans son domaine de l'ordre temporel,* son droit de régir seul toute l'organisation politique, judiciaire, administrative, fiscale, militaire de la société temporelle, et, d'une manière générale, tout ce qui relève de la technique politique et économique, nous déclarons nettement que cette doctrine est pleinement conforme à la doctrine de l'Église".
- "La 'laïcité de l'État' peut aussi être entendue en ce sens que, *dans un pays divisé de croyances,* l'État doit laisser chaque citoyen pratiquer sa religion. Ce second sens, s'il est bien compris, est, lui aussi, conforme à la pensée de l'Église". Celle-ci veut en effet que l'acte de foi soit libre.
- "Par contre, si la laïcité de l'État est *une doctrine philosophique qui contient toute une conception matérialiste et athée de la vie humaine et de la société,* si ces mots veulent définir *un système de gouvernement politique qui impose cette conception* aux fonctionnaires jusque dans leur vie privée, aux écoles de l'État, à la nation tout entière, nous nous élevons de toutes nos forces

contre cette doctrine : nous la condamnons au nom même de la vraie mission de l'État et de la mission de l'Église".
- "Enfin, si la 'laïcité de l'État' signifie *la volonté de l'État de ne se soumettre à aucune morale supérieure et de ne reconnaître que son intérêt* comme règle de son action, nous affirmons que cette thèse est extrêmement dangereuse, rétrograde et fausse".

Le 3 septembre 1946, avant le vote de la nouvelle Constitution, un débat eut lieu à l'Assemblée Constituante[21]. Prirent la parole, notamment, Maurice Schumann, au nom du Mouvement républicain populaire, et André Philip, président de la Commission de la Constitution.

M. Schumann souscrivit à l'introduction du terme *laïque*, au sens considéré comme acceptable par l'épiscopat. Il insista sur une pleine "indépendance" de l'État et s'éleva contre "l'inféodation de l'État à des côteries, quelles qu'elles soient, qui lui enlèverait son caractère souverain". Il refusa "toute philosophie d'État". Il nota aussi, en passant, que le progrès du droit moderne s'est fait dans le sens d'une limitation de l'absolutisme de l'État : "du droit public interne, puisque l'État lui-même admet le recours pour excès de pouvoir contre les actes abusifs de ses représentants et de son autorité, et aussi du droit international, car, de plus en plus, il apparaît évident qu'un ordre de justice et de paix ne pourra être établi entre les nations que si chacune consent à abandonner une part de sa souveraineté" (c. 1081).

A. Philip, après avoir évoqué la laïcité de l'État, des partis et de l'école, insista particulièrement sur une laïcité porteuse de "valeurs". "La laïcité est plus que la simple neutralité : c'est l'affirmation d'un certain nombre de valeurs positives, et c'est là le sens profond de la notion de la morale laïque. En dehors de nos divergences d'opinions philosophiques et religieuses, il y a un certain nombre de valeurs morales auxquelles nous croyons tous, que l'école laïque peut et doit affirmer. Ces valeurs morales existent, puisque c'est pour elles que tous, libres penseurs, protestants, juifs ou catholiques, nous nous sommes battus dans la clandestinité. Ce sont elles que nous avons affirmées contre l'oppresseur, contre l'envahisseur. Il y a quand même quelque chose qui définit la nation française et sa culture; lorsque nous affirmons la laïcité, nous affirmons simplement la patrie, c'est-à-dire, par delà nos divergences d'opinion, ce lien commun qui nous unit dans une commune foi" (c. 1082).

En septembre 1958, un référendum adopté à une large majorité a approuvé la nouvelle Constitution, — de la Ve

République − , laquelle fut promulguée le 5 octobre et entra en vigueur le jour suivant[22]. Or, cette Constitution contenait le passage : "La France est une République indivisible, laïque, démocratique et sociale", comme la Constitution de 1946, mais, cette fois, elle était proposée par le gouvernement du Général de Gaulle.

Des tracts furent répandus, qui déclaraient : "celui qui votera 'oui' participera (consciemment ou non) à la proclamation solennelle de principes impies". De nombreux évêques intervinrent pour mettre les choses au point, en rappelant les positions adoptées en 1945. Et voici, pour illustrer ces interventions, la brève Déclaration proposée par les Cardinaux de France le 17 septembre 1958[23]. "1. Ils ne peuvent approuver la propagande inopportune qui incite les catholiques à s'abstenir ou à rejeter le projet de Constitution en invoquant *uniquement* les exigences de leur foi". Ensuite : "2. Ils estiment que : ni l'absence de toute référence à Dieu, évidemment douloureuse pour un catholique, même dans un pays divisé de croyances et de conceptions philosophiques, ni l'utilisation du terme "laïque", susceptible de diverses interprétations, mais qui est précisé dans le projet constitutionnel par l'affirmation du respect de toutes les croyances, ne peuvent empêcher les catholiques de se prononcer librement sur le texte proposé".

3- Un Discours de transition

Ces discussions des milieux français n'étaient pas le monopole de l'Hexagone. Tous les pays ont connu quelques publications sur ce sujet.

Ainsi, le 28 août 1946, *L'Osservatore Romano* publia un article intitulé *Laicità e laicismo*, dans lequel F. Rossi entendait préciser le terme et la notion de laïcité. Nous nions l'antithèse absolue entre État chrétien et État laïc, écrivait-il. Nous affirmons au contraire que l'État laïc, dans sa signification première et essentielle, a ses origines dans l'Évangile et dans l'Église, qui "distinguent" société civile et société religieuse. Ainsi, tout d'abord, la laïcité peut exprimer "la souveraine autorité de l'État dans son domaine d'ordre temporel, son droit de diriger, lui seul, toute l'organisation politique, judiciaire, administrative, fiscale, militaire et, en général, tout ce qui concerne la technique politique et économique". Ensuite, la laïcité de l'État comporte, comme résultante, "la laïcité des personnes attachées au service de l'État, depuis son chef jusqu'au dernier des fonctionnaires", sauf cas exeptionnels. Enfin, la laïcité de l'État peut s'exprimer dans un système constitutionnel, en vertu duquel l'État n'impose pas aux citoyens, directement ou indirectement, la profession d'un Credo, d'une orthodoxie, d'un conformisme; il n'impose ni ne favorise des actes ou des pratiques chez les fonctionnaires ou les citoyens... selon ses préférences; il ne conditionne pas à la profession d'opinions ou de confessions religieuses déterminées la jouissance des droits civils et politiques, et l'admission aux emplois publics". Se comportant ainsi, conclut-il, "l'État laïc peut être en même temps État chrétien"[24].

Mais c'est à un Discours célèbre de Pie XII qu'il sera fait référence maintenant.

Pie XII, en effet, a accompli un pas en avant au cours d'un Discours adressé aux membres du Xe Congrès international des sciences historiques, le 7 septembre 1955[25]. Nous en citons trois extraits qui contiennent trois éléments dont la fermentation sera importante pour l'éclosion d'une position favorable à la conception actuelle de l'État.

a. "Depuis un certain temps, les événements évoluent plutôt... vers la multiplicité des confessions religieuses et des conceptions de vie dans la même communauté nationale où les catholiques constituent une minorité plus ou moins forte. Il peut être intéressant et même surprenant pour l'historien de rencontrer aux États-Unis d'Amérique un exemple, parmi d'autres, de la manière dont l'Église réussit à s'épanouir dans les situations les plus disparates" (c.1224).

Le Pape vise une société de plus en plus "pluraliste", et mentionne notamment l'exemple donné par les États-Unis. Il serait intéressant d'étudier les diverses allusions à l'Amérique faites dans les documents ecclésiastiques ou les études catholiques de l'époque. Ainsi, dans *Laicità e laicismo*, F. Rossi déclarait : "en tout cas, les États-Unis sont, aujourd'hui, un État chrétien et laïque"[26]. De même, dans une étude qui sera citée plus loin, L. Spinelli cite les États-Unis comme modèle de "laïcité" de l'État : depuis 1776, dit-il, l'Église catholique y a joui d'une liberté d'action et de développement sans précédent (*senza precedenti*)[27]. Bref, 1776 plutôt que 1789.

b. "L'Église a conscience d'avoir reçu sa mission et sa tâche pour tous les temps à venir et pour tous les hommes, et, par conséquent, de n'être liée à aucune culture déterminée. Saint Augustin, jadis, fut profondément affecté lorsque la conquête de Rome par Alaric secoua l'Empire des premières convulsions qui présageaient sa ruine, mais il n'avait pas cru qu'il durerait éternellement... et, dans la *Cité de Dieu*, il a distingué nettement l'existence de l'Église du destin de l'Empire. C'était penser en catholique. Ce qu'on appelle Occident ou monde occidental a subi de profondes modifications depuis le moyen âge : la scission religieuse du XVIe siècle, le rationalisme et le libéralisme conduisant à l'État du XIXe siècle, à sa politique de force et à sa civilisation sécularisée. Il devenait donc inévitable que les relations de l'Église catholique avec l'Occident subissent un déplacement. Mais la culture du moyen âge elle-même, on ne peut pas la caractériser comme la culture catholique; elle aussi, bien qu'étroitement liée à l'Église, a puisé ses éléments à des sources différentes. Même l'unité religieuse propre au moyen âge ne lui est pas spécifique; elle était déjà une note typique de l'antiquité chrétienne dans l'Empire romain d'Orient et d'Occident, de Constantin le Grand à Charlemagne. L'Église catholique ne s'identifie à aucune culture; son essence le lui interdit. Elle est prête cependant à entretenir des rapports avec toutes les cultures. Elle reconnaît et laisse subsister ce qui, en elles, ne s'oppose pas à la nature. Mais en chacune d'elles, elle introduit en outre la vérité et la grâce de Jésus-Christ et leur confère ainsi une ressemblance profonde; c'est même par là qu'elle contribue avec le plus d'efficacité à promouvoir la paix du monde" (c. 1225-1226).

Le Pape refuse donc de lier l'adjectif "catholique" à une culture déterminée. D'où la nécessité de réfléchir à la pertinence de l'adjectif "catholique" pour qualifier une forme concrète d'État. De plus, constatant les changements amenés dans le monde à l'époque moderne, Pie XII estimait "inévitable" un certain "déplacement" dans les relations entre l'Église et le nouvel Occident.

c. "Notre Prédécesseur Boniface VIII disait, le 30 avril 1303, aux envoyés du roi germanique Albert de Habsbourg : "... *sicut luna nullum lumen habet, nisi quod recipit a sole, sic, nec aliqua terrena potestas aliquid habet, nisi quod recipit ab ecclesiastica potestate...*, cette conception médiévale était conditionnée par l'époque. Ceux qui connaissent ses sources admettront probablement qu'il serait sans doute encore plus étonnant qu'elle ne fût pas apparue" (c. 1223). Ainsi, Pie XII ne rattache pas la doctrine de Boniface VIII au message chrétien, mais au contexte historique, aux conceptions d'une époque.

L'observation proposée, comme en passant, par Pie XII rejoint dans une certaine mesure la façon dont les juristes du XIXe siècle "justifiaient" le "droit directif" de l'Église concernant le Pouvoir temporel[28].

Le pouvoir que l'on reconnaissait aux Papes pendant le moyen âge, écrit le P. Taparelli d'Azeglio, était fondé sur le "droit public des nations chrétiennes" qui se formèrent après la chute de l'Empire romain. Certaines nations ne se considéraient pas comme chrétiennes, et en ce cas, "la puissance spirituelle agissait avec plus de retenue" (p. 182). Mais elles devaient finalement se soumettre à celle-ci, car "l'autorité internationale était dans les mains de l'Église par la volonté des sociétés, lesquelles le voulaient ainsi parce qu'elles ne trouvaient pas d'autres personnes capables de les bien gouverner" (p. 183).

M. Gosselin, lui, explique ces actes du Saint-Siège "par le droit positif humain, par l'ancienne jurisprudence des États catholiques de l'Europe" (p. 183). Et il résume en quatre propositions le résultat de ses recherches. Voici, littéralement, le texte donné par F. J. Moulart :

- le pouvoir des Papes et des Conciles sur les souverains au Moyen âge, quelque extraordinaire qu'il nous paraisse aujourd'hui, fut naturellement amené, et en quelque sorte nécessité par la situation et les besoins de la société à cette époque;

- les Papes et les Conciles, en s'attribuant et en exerçant ce pouvoir, ont suivi des principes alors autorisés par la persuasion universelle;

- la persuasion universelle qui leur attribuait ce pouvoir n'était point fondée sur une erreur ou une usurpation de leur part, mais sur le droit public en vigueur;

- enfin, les maximes du Moyen âge qui leur attribuaient ce pouvoir n'ont pas eu, à beaucoup près, tous les inconvénients qu'on a quelquefois supposés dans ces derniers temps; et les inconvénients mêmes qu'elles ont pu avoir ont été bien compensés par les grands avantages que la société a retirés du pouvoir extraordinaire dont les Papes et les Conciles ont été si longtemps investis" (p. 183-184).

☆ ☆ ☆

F.J. Moulart rapporte aussi à cet endroit une allocution de Pie IX adressée, le 20 juillet 1870, à "des délégués de l'Académie de la religion catholique" de Rome, en vue d'expliquer la différence existant entre l'infaillibilité pontificale et le droit des Papes "de déposer les souverains et de délier les peuples de leur serment de fidélité". Le Pape disait notamment : "Ce droit a été, il est vrai, exercé par les Papes dans des circonstances extrêmes, mais il n'a absolument rien de commun avec l'infaillibilité pontificale. Il était une conséquence du droit public qui était alors en vigueur et du consentement des nations chrétiennes, qui reconnaissaient dans le pape le juge suprême de la chrétienté, et le constituaient juge sur les princes et les peuples, même dans les matières temporelles. Or, la situation présente est tout-à-fait différente. La mauvaise foi seule peut confondre des objets si divers et des époques si peu semblables; comme si un jugement infaillible porté sur une vérité révélée avait quelque analogie avec le droit que les papes, sollicités par le vœu des peuples, avaient dû exercer quand le bien général l'exigeait" (p. 184).

F.J. Moulart poursuit, à propos de l'authenticité de ce passage. "Ces paroles, publiées le lendemain à Rome même par la *Voce della Verità*, et insérées par l'épiscopat suisse dans sa Lettre pastorale sur l'infaillibilité pontificale, du mois de juin 1871, ont reçu, en quelque sorte, une confirmation nouvelle du Souverain Pontife par le bref qu'il adressa à Nosseigneurs les évêques suisses, au mois de janvier 1872, et dans lequel il loue, d'une manière toute spéciale, la partie de la lettre où elles sont rapportées" (p. 184-185). Toutefois, dans une Note annexe publiée en fin d'ouvrage, F.J. Moulart signale un texte de l'allocution quelque peu amendé : l'intervention des papes relève, lit-on, de son "autorité pontificale" et l'exercice de ce droit a été étendu aux graves intérêts des États "aux siècles de foi qui respectaient dans la personne du pape ce qu'il est en effet, c'est-à-dire le juge suprême de la chrétienté". Ce texte revu — ou primitif ? — est repris d'un recueil de *Discours du Souverain Pontife Pie IX, prononcés au Vatican, devant les fidèles de Rome et du monde, Discours XCVI* (p. 573).

III- L'ÉTAT MODERNE ET LE CONCILE VATICAN II

On perçoit la direction prise par la réflexion des canonistes et des théologiens concernant la doctrine de l'État. L'époque de Jean XXIII et du Concile Vatican II constituent un point de repère et de référence à ce propos.

1- Textes conciliaires

Nous parvenons ainsi au Concile Vatican II et aux décennies postconciliaires. A cette époque, les expressions et déclarations relatives à l'État "moderne" — de droit, démocratique, social, pluraliste, non-confessionnel ou "laïque" — à sa valeur, à ses avantages, à ses implications, aux conditions de son exercice, sont nombreuses, et même "engagées".

On peut rappeler la constitution conciliaire *Gaudium et spes* (n.73-76) et la Déclaration *Dignitatis humanae*, également l'encyclique *Pacem in terris* de Jean XXIII, les approbations répétées des papes à chaque anniversaire de la *Déclaration universelle des droits de l'homme* (1948), les Discours des Papes au Corps diplomatique réuni au début de chaque année, les encycliques sociales de Jean-Paul II. On pourra consulter sur ce point un petit dossier que j'ai publié : *Le statut de l'Église dans la future Europe politique* [29].

Un exemple quand même, entre cent : le discours de Jean-Paul II au Corps diplomatique en janvier 1989 : "... une évolution s'est opérée qui favorise l'élimination de l'arbitraire dans les relations entre l'individu et l'État. Et, à cet égard, la Déclaration de 1948 représente une référence qui s'impose, car elle appelle sans équivoque toutes les nations à organiser le rapport de la personne et de la société avec l'État sur la base des droits fondamentaux de l'homme et rejoint la doctrine catholique pour laquelle la fonction de l'État est de permettre et de faciliter aux hommes la réalisation des fins transcendantes auxquelles ils sont destinés"[30].

Toutefois, il serait excessif de s'imaginer que les Pères conciliaires se soient proposé de "définir" l'État moderne, même si cette théorie leur était connue et était déjà défendue par certains d'entre eux. L'abandon du chap. IX du schéma *De Ecclesia* est certes significatif. Mais les longues discussions sur la liberté civile en matière de religion montrent que ces idées étaient à peine en voie de maturation et donc guère susceptibles de faire l'objet d'un engagement conciliaire. On s'en rendra compte en lisant l'étude de É. Poulat : "Le grand absent de "*Dignitatis humanae* " : l'État"[31].

Sans proposer explicitement une conception de l'État, les documents de Vatican II présentent un ensemble de données qui ne peuvent, en fait, être vérifiées que par un État "moderne" : Etat de droit, démocratique, social, pluraliste, non-confessionnel et, en ce sens, "laïque". Ces données — faut-il le dire ? — se rapportent au type de gouvernement des peuples qui a été développé en Europe au cours des temps modernes : le Concile ne s'est pas occupé de situations historiques anciennes ou médiévales.

Les textes conciliaires usent régulièrement de l'expression "communauté politique" : ainsi est manifesté que la relation dite "Église-État" n'est plus à situer avant tout "au sommet", comme "Pape et Empereur", mais plutôt "dans l'ensemble de la société des citoyens"[32]. On comprend d'autant mieux la portée de cette façon de s'exprimer que l'État moderne n'est plus à considérer sous la forme d'un Prince décidant des libertés à accorder à des sujets, mais sous celle d'un gouvernement, élu par l'ensemble des citoyens, qui devra reconnaître et protéger tous les droits imprescriptibles et inaliénables des citoyens, ainsi qu'en harmoniser l'exercice.

Le Concile ne propose pas un type d'État idéal, mais requiert que tout État soit au service des droits de tous les citoyens, individus et aussi groupes ou services intermédiaires. Ce "bien commun" est désormais défini comme l'ensemble des conditions de tous ordres permettant précisément à tous les citoyens d'exercer leurs droits réellement et en harmonie entre tous[33]. De leur côté, et en conséquence, tous les citoyens sont appelés à prendre part activement à l'ensemble de la vie publique : élection, gestion, services publics, etc.; ce qui implique notamment la nécessité d'une formation de plus en plus soignée, ainsi que l'acceptation éventuelle d'une diversité dans les options adoptées.

L'État moderne, disions-nous, se doit de reconnaître, protéger et harmoniser tous les droits humains fondamentaux des citoyens. Concrètement : la gamme étendue des "libertés publiques" garantissant aujourd'hui à tous les multiples formes d'autonomie légitime, ainsi que l'ensemble de plus en plus copieux des "services publics" répondant aux créances relatives à la santé, l'enseignement, la sécurité, le travail, etc. Toutes ces requêtes sont appelées "droits humains" fondamentaux. Et l'État est appelé à les assurer au mieux des possibilités. On constatera — soit dit en passant — que l'État moderne, s'il est invité à restreindre au maximum certaines prétentions d'ordre idéologique, philosophique, religieux, est par ailleurs engagé en une intervention accrue dans la gestion de la vie quotidienne au nom d'impératifs d'hygiène, de santé, de sécurité, d'environnement, etc.

Toutefois, ces exigences n'impliquent nullement que l'État soit habilité à assurer lui-même, par lui-même, la totalité de ces droits. La sociologie politique fait intervenir ici le principe de "subsidiarité" [34]. Celui-ci a été rappelé fréquemment, il y a un demi-siècle, à l'époque des régimes totalitaires : fascisme, nazisme, communisme. Dans l'encyclique *Quadragesimo Anno* (15 mai 1931), Pie XI reconnaissait déjà que l'ordre social et l'évolution des conditions sociales "font que bien des choses que l'on demandait jadis à des associations et groupements de format moyen ne peuvent plus désormais être accomplies que par de puissantes collectivités". Mais, précisait immédiatement le Pape, "il n'en reste pas moins indiscutable qu'on ne saurait ni changer ni ébranler ce principe si grave de philosophie sociale : de même qu'on ne peut enlever aux particuliers, pour les transférer à la communauté, les attributions dont ils sont capables de s'acquitter de leur propre initiative et par leurs propres moyens, ainsi ce serait commettre une injustice, en même temps que troubler d'une manière très dommageable l'ordre social, que de retirer aux groupements d'ordre inférieur, pour les confier à une collectivité plus vaste et d'un rang plus élevé, les fonctions qu'ils sont en mesure d'accomplir eux-mêmes. L'objet naturel de toute intervention en matière sociale est d'aider les membres du corps social, et non pas de les détruire ni de les absorber... Que les gouvernants en soient donc bien persuadés : plus parfaitement sera réalisé l'ordre hiérarchique des divers groupements selon ce principe de la fonction supplétive de toute collectivité, plus grandes seront l'autorité et la puissance sociale, plus heureux et plus prospère l'état des affaires publiques" (AAS, t.23,1931, p. 203). Ce même critère est rappelé régulièrement depuis cette date dans tous les documents émanant des autorités ecclésiastiques majeures traitant de la vie sociale, des groupements ou organismes intermédiaires, ou encore des minorités vivant dans nos sociétés pluralistes[35].

On pourra remarquer aussi que ce principe de "subsidiarité" est invoqué, depuis l'époque de Pie XI, d'abord et avant tout pour défendre la légitime autonomie de tous les citoyens face aux diverses formes de totalitarisme, et non d'abord, ni avant tout, en vue de garantir la liberté "religieuse" des "chrétiens".

☆ ☆ ☆

On ne peut par ailleurs laisser sans réponse de principe certaines questions que l'on pose couramment à propos de cet État moderne.

Ainsi : cet État moderne est-il ou non "séparé" de toute influence directe ou indirecte dans le domaine des "valeurs" ? Certainement pas. Encore faut-il s'entendre exactement sur cet enjeu.

Comme point de départ, l'on peut se référer à l'excellent commentaire de *Dignitatis humanae* proposé par le cardinal P. Pavan[36]. Voici, en résumé, sa position. Au cours des deux derniers siècles, explique-t-il, "un nouveau type d'État a été conçu et exprimé dans la réalité juridico-politique, en une gamme infinie de degrés et de formes : on l'appelle habituellement État moderne. Et celui-ci, dans la phase ultime de son élaboration, se présente comme un État de droit, démocratique, social, laïc, pluraliste". Des influences nombreuses et diverses ont conduit à cette doctrine de l'État. Mais on en souligne actuellement la source la plus dynamique, à savoir : "la conscience que les êtres humains ont déjà acquise — et qu'ils acquièrent de plus en plus — de leur propre dignité personnelle".

Et qu'advient-il alors des valeurs spirituelles, comme la création artistique, les convictions morales, les croyances religieuses, les théories scientifiques, les divers systèmes philosophiques, les opinions politiques ? En ce domaine, répond le cardinal P. Pavan, "l'État moderne se considère comme non compétent à émettre des jugements de valeur, *giudizi di merito*; mais cela ne signifie pas, dans la réalité, qu'il soit sceptique ou indifférent à l'égard de ces valeurs. Il considère au contraire qu'il est de sa tâche fondamentale de les promouvoir, mais dans les formes qui sont en pleine consonance avec la dignité de ses citoyens, à savoir en reconnaissant, respectant et protégeant les droits humains qui sont en rapport avec ces valeurs, et en y coopérant de manière efficace par la création dans la vie sociale des conditions en lesquelles tous ces citoyens puissent trouver des moyens et des stimulants pour exercer leurs droits et pour remplir leurs devoirs respectifs. Demeurant toujours sauf le principe de l'égalité civile des uns à l'égard des autres et à l'égard des pouvoirs publics. L'encyclique *Pacem in terris*, ajoute le cardinal Pavan, estime que cette forme d'État est un "signe des temps".

Adopter une forme de gouvernement qui se présente comme État de droit, démocratique, pluraliste, social, laïc, c'est adopter en fait un certain nombre de "valeurs" qui fondent ce régime, qui sont impliquées par lui, qui sont incarnées en lui. Semblable forme de gouvernement, en effet, implique, incarne, rattache à l'ordre juridique la dignité et la prévalence de la personne humaine, la rationalité et la solidarité de tous les membres, telle règle de droit, telles libertés, bref une gamme de valeurs, d'après les réalisations concrètes si variées de ce type de régime politique.

Ainsi compris et vécu, l'État moderne peut dès lors représenter une des valeurs globales qui, avec d'autres valeurs générales d'ordre philosophique, social, culturel, religeux, économique, constituent le "faisceau de valeurs communes" qui, sans relâche, rendent effervescent et ramènent à convergence le processus historique tourbillonnant de la société européenne.

La Déclaration *Dignitatis humanae*, 6, reconnaît que les situations de certains pays pourraient faire conclure à des "privilèges", alors qu'il n'y aurait qu'une condition avantageuse "de fait", sans jugement de valeur aucun. Voici ce passage : "Si en raison de circonstances particulières dans lesquelles se trouvent les peuples, une reconnaissance civile spéciale est accordée dans l'ordre juridique de la cité à une communauté religieuse donnée, il est nécessaire qu'en même temps, pour tous les citoyens et toutes les communautés religieuses, le droit à la liberté en matière religieuse soit reconnu et respecté". Pourquoi ce paragraphe ?

Lors de la discussion du projet de Déclaration[37], Mgr J.C. Heenan, archevêque de Westminster, a fait remarquer que, en Angleterre, l'Église anglicane est considérée comme religion d'État et que, néanmoins, les autres groupes religieux jouissent des droits fondamentaux de tous les citoyens. C'est pour cela qu'une réserve a été formulée. Mais il y a lieu d'éviter certaines confusions. En effet, lorsqu'un État non-confessionnel assure réellement l'exercice des libertés civiles, il favorise un ensemble d'activités privées, régies légitimement par des citoyens. Certaines d'entre elles portent sur un projet dit profane, et elles sont adoptées, promues et subsidiées à ce titre. Lorsqu'un groupe important de citoyens est catholique, anglican, juif, musulman, agnostique, l'État favorise ainsi, par simple ricochet, par contrecoup, indépendamment de toute prétention doctrinale et sans privilège, telle Religion, telle Église, voire telle option philosophique. Lorsqu'une Église chrétienne est *ainsi* favorisée, on n'est pas en présence d'un fait de chrétienté : dans d'autres pays à prédominance musulmane, juive, voire agnostique, un État "moderne" assurerait des prestations similaires et aux mêmes conditions.

La remarque de Mgr J.C. Heenan garde toute sa portée aujourd'hui. Car si l'ensemble des pays qui constituent actuellement (1990) l'Europe de demain reconnaissent, de manière globale, à toutes les confessions religieuses les divers avantages de la liberté civile, il reste que la relation officielle Église-État y est variée[38]. L'Église évangélique luthérienne est religion d'État − avec quelques privilèges officiels de fait − dans les pays nordiques : Norvège, Danemark, Suède, Islande. L'Église anglicane est "Église établie" en Angleterre. Sont officiellement "privilégiées" l'Église orthodoxe en Grèce et l'Église évangélique luthérienne en Finlande. Dans les régions à majorité catholique, les gouvernants entretiennent une séparation dans un climat de bons rapports. L'Espagne est devenue non-confessionnelle depuis 1978-1980. L'Italie a aménagé le concordat du Latran au cours de l'année 1984. En somme les États des régions à majorité catholique sont les moins confessionnels. La France elle-même est, depuis 1946, une République "laïque" : et un bilan dressé en 1990 par Émile Poulat dans les *Documents Épiscopat* (n°15, octobre 1990) montre que l'Église catholique a pu s'y déployer dans des conditions de grande liberté.

La question des "limites" d'exercice de la liberté religieuse a été également touchée. *Dignitatis humanae* s'exprime comme suit. "Dans l'usage de toute liberté doit être observé le principe moral de la responsabilité personnelle et sociale...", à savoir : les droits d'autrui, les devoirs envers les autres, le bien commun de tous (n.7).

La Déclaration conciliaire n'a pas eu l'intention de s'exprimer sur toute la problématique engagée à propos de la délimitation de l'exercice de la liberté religieuse. A s'en tenir à ce qu'elle dit, on pourrait en conclure que l'on se trouve ici en présence de deux droits rivaux, face à un antagonisme entre droit individuel et droit collectif. En effet, "autrui" n'intervient ici que pour en appeler à une "limitation". Or, cette intervention d'autrui revêt d'autres perspectives, plus positives même, à savoir tout ce que représente, entre personnes responsables, le "dialogue". Ce dialogue, c'est la discussion raisonnable où chacun, par principe, veut se soumettre à la norme du vrai : tel est "autrui" dans une société de personnes douées de raison et de liberté, susceptibles d'aller de soi vers la réalité connue en vérité. L'importance du "dialogue" est majeure pour la vie d'une société "démocratique".

Les autorités ecclésiastiques, de leur côté, demandent une pleine liberté d'accomplir la mission que Jésus-Christ leur a confiée. Elles ne sont liées à aucun système politique, pourvu que cette condition soit remplie. Par ailleurs, elles ne demandent de l'État que de pouvoir jouir de tous les droits qui sont reconnus à tous les citoyens (*Dignitatis humanae*, 4, 6, et 13). Elles font aussi valoir l'aide réelle et importante qu'elles apportent à la société civile en fait, par ricochet, non en tant que "Pouvoir public" associé à "l'État", puisqu'elles œuvrent en vue de la justice, de la concorde, de la paix, de la solidarité et d'autres vertus que tous reconnaissent indispensables à une vie sociale heureuse et bien ordonnée (*Gaudium et spes*, 42).

☆ ☆ ☆

Alors, le régime "concordataire" courant n'est-il pas mis en question par le Concile ?[39] Le régime concordataire semble en effet impliquer que deux "Puissances" se mettent d'accord "au sommet" en vue d'assurer une condition "particulière", voire "privilégiée" à l'une d'elles, concrètement ici, l'Église catholique. La difficulté a été soulevée à l'époque, mais les Pères ne se sont pas engagés sur ce point. Certes, la décision prise par l'Église de constituer désormais au cœur de la société civile "un groupe de citoyens-fidèles", comme ont dit des juristes, ne correspond pas à l'image du "Pouvoir" engagé dans un "Concordat". Mais on a fait remarquer que, quels que soient les termes employés, des problèmes vont naître de la "rencontre" (culte, écoles, manifestations, etc.) entre les pouvoirs publics et les groupes-institutions religieuses. Les Constitutions peuvent y répondre parfois, et globalement. Des "conventions" peuvent donc souvent, soit en préciser, soit en garantir mieux, les engagements. Ces précisions ou garanties peuvent d'ailleurs être stipulées, non seulement à l'égard de la religion catholique, mais en faveur de tous les groupes religieux. Ainsi, il est donc possible — du moins en principe, en théorie — de maintenir la légitimité de certains accords juridiques, sans engager l'image du Concordat de Napoléon ni celle de l'État catholique. C'est donc à la pratique que pourra être vérifiée la cohérence des futurs "accords" et de la doctrine conciliaire.

2- "Réception" des doctrines conciliaires

Aujourd'hui, de nombreux juristes, notamment italiens, parlent de l'État "non-confessionnel" comme d'un thème désormais adopté.

Qui désire un état de la question bref et synthétique sur le sujet, pourrait recourir à l'étude, déjà citée plus haut, de P.A. d'Avack[40]. En voici la table des matières : - Première Partie, *L'Église et la communauté politique durant l'ère constantinienne préconciliaire*. Celle-ci est décrite comme suit : 1) Instrumentalité de l'ordre temporel au service de l'ordre spirituel; 2) Option religieuse et confessionnalité (*confessionismo*) de l'État; 3) Pouvoir direct ou indirect de l'Église sur l'État; 4) Coopération entre le trône et l'autel et rapports directs au sommet; 5) Préférence de l'Église pour les régimes autocratiques dans le gouvernement des États. - Deuxième Partie, énoncée en antithèses tranchées, avec pour titre : *L'Église et la communauté politique dans l'ère conciliaire actuelle*, avec les caractéristiques suivantes : 1) Autonomie de l'ordre temporel et valorisation de celui-ci; 2) Incompétence de l'État en ce qui concerne les options religieuses et la confessionnalité; 3) Abandon de tout pouvoir direct ou indirect de l'Église sur l'État; 4) Séparation du trône et de l'autel et relations directes à la base entre l'État et l'Église; 5)

Préférence de l'Église pour les régimes démocratiques dans le gouvernement des États. - Une Troisième Partie évoque quelques conséquences de ces changements pour l'activité de l'Église dans la communauté politique.

On perçoit, à ce seul énoncé, l'incidence percutante des thèmes développés par l'auteur, juriste très connu et apprécié.

En 1975, l'Université de Pavie publiait *Chiesa cattolica e Comunità politica*, de L. Musselli, étude portant en sous-titre : "Du déclin de la théorie du 'pouvoir indirect' à la nouvelle position du droit canonique postconciliaire"[41]. *Premier chapitre* : Crise et déclin du "dualisme subordinationiste" (les deux "pouvoirs", avec subordination du temporel au spirituel). On y trouve différentes expressions de cette crise : les idées de L. Taparelli d'Azeglio, la *Koordinationstheorie* allemande, les griefs historiques, juridiques et théologiques contre la position ancienne. - *Deuxième chapitre* : Orientations conciliaires en vue de nouveaux rapports entre l'ordre politique et l'ordre religieux : autonomie et indépendance réciproque, les implications de la *Libertas Ecclesiae* et de la liberté de conscience, les nouveaux rapports Église-monde (Église comme communauté de fidèles et Église comme institution). - *Chapitre troisième* : les théories générales des relations entre "Communauté politique" et "Église" dans les doctrines canoniques postconciliaires : plusieurs essais pour des motifs divers : apologétique, bien éthique, importance intersociétaire, coordination, valorisation de la liberté religieuse. - *Chapitre quatrième* : Vers l'élaboration d'une théorie générale des relations Église-État centrée sur la liberté civile en matière de religion. - *Chapitre cinquième* : Conséquences pour les rapports institutionnels Église-État : le rôle majeur de l'Église locale comme interlocutrice de l'État, et l'Église universelle comme interlocutrice de la communauté des peuples.

Cette "table des matières" nous éclaire sur l'abondance des réflexions suscitées au milieu de ce siècle concernant le rapport Église-État.

Plus focalisé et plus analytique est le travail de L. Spinelli, professeur de l'Université de Bologne, sur *Il principio della laicità dello Stato alla luce dei documenti del Concilio Vaticano II* [42]. Des mises au point soignées, documentées, claires sont proposées sur les six thèmes suivants. - 1. Rappels concernant la conception "traditionnelle" des rapports Église-État : les "deux Puissances" et l'éclosion de l'idée de laïcité; le fondement de la souveraineté et de l'autonomie de l'Église et de l'État en leur domaine propre. - 2. Les

principes et les caractères de la "laïcité" et du "laïcisme", ainsi que
les diverses expressions de celui-ci. - 3. Le Concile Vatican II : sa
critique de l'interprétation laïciste de l'autonomie des réalités
terrestres; la personne humaine dans sa double qualité de fidèle et
de citoyen. - 4. Le principe d'une "saine laïcité" chez Pie XII et
l'élaboration de ce principe à Vatican II. - 5. Le domaine de la
coopération entre les deux autorités d'après les documents de
Vatican II. - 6. Le système concordataire dans le cadre de
semblable coopération. Ce travail est suivi d'une liste
bibliographique importante (p. 53-56).

Voici, en passant, ce que L. Spinelli dit de l'État "catholique". Si
l'État veut être "catholique", explique-t-il, qu'il "le manifeste dans
son intériorité" et non pas "d'un point de vue externe et formel".
Concrètement, "que l'ordonnance de l'État assure à tous les
conditions nécessaires à garantir une liberté d'action en
conformité avec les convictions d'un chacun" (p. 31).

3- Quelques recherches en cours

Les quelques illustrations données ci-dessus sont reprises au
monde des juristes italiens, dont les travaux sont élaborés en
contact assez étroit avec les décisions conciliaires de Vatican II.
Mais le problème lui-même des relations renouvelées entre l'Église
et l'État est examiné à cette époque dans tous les milieux d'études
et de recherches.

Sur les relations Église-État, on pourra trouver de copieux
renseignements dans la Bibliographie internationale de RIC-
Supplément, sous le titre *Church and State. Église-État*, que
publie CERDIC, Palais Universitaire, 9, Place de l'Université,
Strasbourg. Plusieurs volumes ont paru : n°2 (1972); nn.35-38
(1973-1977); nn.59-60 (1978-1980); nn.78-79 (1980-1983).

Chaque année, la revue *Ephemerides Theologicae
Lovanienses* publie, en un volume, un *Elenchus bibliographicus*.
Celui-ci comporte une section X : *Ius Canonicum*, dont une
subdivision est consacrée à *De habitudine Ecclesiae ad Civitatem.*
Le *Sommaire*, en tête du volume, indique la pagination[43].

Sur l'évolution des doctrines et des pratiques qui ont abouti à
la position actuelle de l'Église catholique, notamment depuis
Vatican II, voir M. ZIMMERMAN, *Structure sociale et Église.
Doctrine et praxis des rapports Église-État du XVIIIe siècle à Jean-*

Paul II, Strasbourg, Cerdic, 1981, 200p., ainsi que, et en préférence pour les théologiens, R. MINNERATH, *Le droit de l'Église à la liberté. Du Syllabus à Vatican II*, Paris, Beauchesne, 1982, 207 p.

Sur les multiples questions soulevées à propos de la liberté et de la laïcité en France, le recueil d'études publié par É. Poulat, Directeur d'études à l'École des Hautes études de sciences sociales (Cerf-Cujas, 1987, 439 p.) fournira des aperçus denses, riches, personnels. Sous trois titres généraux : l'explosion libérale, la révolution laïque, la mutation culturelle, sont rassemblées diverses études, avec recoupements et retours, mais toujours précieux à qui se pose réellement certaines questions sur la polysémie des termes et sur la complexité des situations. L'ouvrage a pour titre : *Liberté, laïcité. La guerre des deux France et le principe de la modernité*.

La monographie de Jean Baubérot, *Vers un nouveau pacte laïque* (Seuil, 1990, 272 p.) propose un jugement global sur la "séparation". Celle-ci, dit l'auteur, est en réalité un "pacte laïque", dont les auteurs sont Briand et Jaurès. Ce pacte a permis d'assurer à la France une certaine paix civile. Et aujourd'hui, un nouveau pacte laïque est à construire, en faveur des droits humains fondamentaux et contre les divers cléricalismes. Tels sont, en résumé, les divers chapitres de l'ouvrage. Celui-ci est accompagné d'une liste bibliographique copieuse (p. 226-235) et se termine par une Postface sur *Questions pour une laïcité de l'an 2000*, s'inspirant d'un agnosticisme "ouvert" et due à Michel Morineau, secrétaire national de la Ligue française de l'enseignement.

Particulièrement bienvenus en vue d'une réflexion sur la laïcité en France sont les Actes du Colloque organisé en mars 1990 par la Faculté de théologie protestante de Montpellier et publiés sous le titre *Genèse et enjeux de la laïcité* (Labor et Fides, 1990, 228 p.). Les questions de fond que rencontrent "les" christianismes et la laïcité sont analysées par des universitaires. *Genèse* : à savoir une enquête historique et juridique, qui marque quelques jalons et étudie des moments ou des mouvements significatifs, depuis le XVIe siècle. *Enjeux* : éclairés diversement par la gamme des sciences humaines et enrichis grâce à une confrontation des interprétations et des convictions. En résumé, douze exposés, suivis d'un résumé des échanges. La Table ronde (p. 211-225) révèle une "laïcité en débat", et le Colloque manifeste une "pluralité de laïcités".

À propos de la "laïcité en débat", voici une trilogie significative publiée par les éditions Edilig (3, rue Récamier, 75341 Paris). 1) *La laïcité en miroir* (1985, 246 p.) propose des entretiens avec vingt-deux professeurs ou écrivains de toutes options philosophico-religieuses pour savoir ce qu'ils pensent de la laïcité. Il en résulte un portrait éclaté, foisonnant, "comme dans une série de miroirs". 2) *La laïcité en mémoire* (1987, 283 p.). Cette fois, une vingtaine de textes repris des fondateurs et des représentants majeurs de la laïcité, de Condorcet à Jaurès, afin de "réactiver la mémoire laïque française", où dominaient la "conscience de la démocratie" et la "liberté de l'esprit". - *Laïcité 2000* (1987, 207 p.). Ce sont les Actes d'un Colloque national organisé par la Ligue française de l'enseignement (Paris, avril 1986). Le thème de la "laïcité" est confronté à d'autres thèmes : la science et ses limites, la religion et la culture, la citoyenneté et l'avenir, en vue d'"une laïcité renouvelée pour la démocratie française de la fin du XXe siècle".

Dans les milieux catholiques également, on se posait la question de la "laïcité". Ainsi : *Nouveaux enjeux de la laïcité*. Actes de deux Colloques (Paris, Centurion, 1990, 273 p.). Le premier colloque, organisé le 22 avril 1989 par *La Croix - l'Événement*, avait pour objet *Laïcité et débats d'aujourd'hui* (p. 17-137); le second, qui eut lieu le 26 mai 1989 au Centre Sèvres et au Centre Georges-Pompidou, était intitulé *Pluralité des religions et État laïque* (p. 261-269). Les intervenants venaient de tous les horizons religieux et philosophiques : théologiens, professeurs, monde politique, "laïques". Les discussions visaient directement la situation de la France, mais les réflexions avaient une portée plus large, "occidentale". Les participants rejettent une attitude "négative"; ils évoquent, pour l'État, pour l'école, une laïcité qui fasse référence à des "valeurs" : démocratie, solidarité, pluralisme, tolérance. Les échanges ont fourni une gerbe de données et d'observations qui se recoupent, se complètent et, surtout, manifestent un rapprochement entre "catholiques" et "laïques" - catégorisation très discutable en l'occurrence.

Des recherches en ces domaines se poursuivent en tous les pays.

IV- L'ÉTAT DE DROIT ET SON "PROPRIUM"

Peut-on désormais entrevoir ce que pourrait être une présentation de l'État de droit — sa nature et son élaboration progressive — en s'appuyant uniquement sur l'œuvre des potentialités humaines ? Et peut-on, de même, préciser quelques aspects majeurs de semblable structure étatique ? Tel est l'enjeu de ces pages.

1- L'État, œuvre des potentialités humaines

Ceux qui ont entrepris la description attentive de la condition personnelle des êtres humains font mention de leurs multiples facultés et potentialités. Et ils ajoutent que c'est par l'échange avec autrui, par la réciprocité des services, par le dialogue, que les personnes se déploient et s'épanouissent : la "*vie sociale*" n'est pas un élément surajouté à leur avenir, mais une condition indispensable de celui-ci[44].

Le dynamisme spontané de tout ce qui nous entoure dans la nature et de tout ce qui nous advient de jour en jour dans l'histoire, nous mène bientôt, nous *êtres humains*, à constituer des *communautés*. Celles-ci, lorsque intervient une certaine initiative volontariste de ses membres, se mue en *société*. Lorsqu'une société humaine se décide à vivre une union consentie en vue d'un objectif commun durant un temps notable, elle se transforme en *société politique*. Et cette société politique établit en même temps une certaine forme de *gouvernement*.

On appelle habituellement *État* une société politique fermement structurée, ou le seul gouvernement de cette société.

On parle de peuple, de *nation*, lorsqu'une communauté humaine a pris conscience de diverses racines communes, de certains caractères communs.

Ces sociétés politiques se déploient au cours des siècles et sous toutes les latitudes grâce au dynamisme de tous les facteurs humains qui, petit-à-petit, les ont fait croître, s'épanouir, en tous les domaines. En d'autres termes : les sociétés politiques, grâce à l'intelligence et à la rationalité de leurs membres, à la liberté et à la responsabilité de ceux-ci, à leur sociabilité et à leurs initiatives, ont donné corps et forme à l'ensemble des *biens* qui sont appelés ou requis par le développement de tous, au plan individuel, collectif, commun. En principe, ces sociétés politiques ou civiles ont même pour objectif la totalité du bien commun de leurs membres : aussi les reconnaît-on comme sociétés "parfaites", "souveraines", jouissant de tous les moyens nécessaires à atteindre leur propre fin, qui est dite "temporelle".

L'adjectif "temporel", utilisé ici pour la première fois au lieu de "humain", a été requis à partir du moment où, au cours de l'histoire, d'autres instances et institutions sont nées et se sont développées parmi les membres de la société civile, et notamment les instances "religieuses" sous diverses formes. Celles-ci éclosent, petit-à-petit également, lorsque les êtres humains développent une réflexion sur eux-mêmes, sur leur origine, sur leur destinée, bref sur les questions qu'on appelle "ultimes" et qu'ils tentent d'y répondre comme il sied à des personnes humaines, en donnant à leurs options et à leurs conceptions un caractère de visibilité, de sociabilité, avec des rites et des doctrines. Dans la Religion judéo-chrétienne, dans l'Islam aussi, une révélation divine, transmise par des prophètes, précise les formes et caractères de ces institutions religieuses introduites dans la vie et l'histoire de l'humanité.

De là, pour les membres de la société civile, deux domaines distincts, qui ont une nature et une finalité particulières, "propres". Et ce *proprium* est désigné par une série d'adjectifs qui soulignent telle ou telle nuance, car aucun d'entre eux ne peut, à lui seul, intégrer la gamme entière de ses facettes : humain, naturel, temporel, séculier, terrestre, laïc même lorsqu'on voulait se différencier des "clercs". L'Église du Christ — nous ne parlons que d'elle ici — est caractérisée par les termes : religieux, surnaturel, sacré, sacerdotal, clérical.

Si l'histoire du monde se réduisait à une juxtaposition "intemporelle" et absolument "statique" de ces deux domaines, on pourrait rêver d'une existence humaine de pleine sérénité... Hélas — ou plutôt, heureusement — il n'en va pas ainsi.

Les deux instances sont organisées. Elles font valoir leurs finalités, leurs pouvoirs, leurs caractéristiques. L'*État* revendique une antériorité absolue : par rapport aux religions, à l'Église chrétienne en particulier. Il souligne son universalité, à l'image de l'universalité de l'ensemble de l'humanité. L'*Église* — pour en rester à notre religion — elle, est apparue au cours des temps, même si l'ère que nous suivons a commencé avec Jésus-Christ. Elle est restreinte en ampleur à ceux qui croient en Dieu et en l'Incarnation. Mais elle revendique une institution "divine" ainsi qu'une finalité "surnaturelle" engageant l'éternité.

Depuis vingt siècles, la convivence de ces deux institutions a connu des aléas multiformes. L'Église médiévale a proclamé sa supériorité foncière, arguant du fait que la finalité temporelle est subordonnée à la finalité éternelle, et que "les pouvoirs" sont à l'image des "finalités" : *potestates sunt ut fines*. A l'époque moderne, on a connu par contre des États totalitaires, le Césaropapisme, des Démocraties professant l'athéisme.

Mais ce qui nous importe, de façon immédiate, c'est de rappeler que chaque instance a un "proprium" spécifique qui est animé et promu par des potentialités spécifiques, et que le minimum à respecter est de rejeter toute perspective "totalitaire" dans le comportement "terrestre" de l'humanité, le seul qui nous concerne ici. Car nous ne sommes pas encore à la Parousie, ni dans le Royaume.

Et c'est dans de semblables perspectives — où l'ensemble des libertés publiques sont réellement accueillies et promues dans l'espace étatique d'une démocratie pluraliste — que l'on pourrait parler, pour l'État, de "non-confessionnalité" comme norme et assise de la rencontre Église-État de notre temps.

2- L'État et le "corps politique"

Professeur d'histoire de la philosophie à l'Université de Padoue, A. Pavan annonce que c'est sans préambules — *senza preamboli* — qu'il aborde une réflexion sur la "laïcité de l'État"[45]. En effet, explique-t-il, les questions relatives à la "vie temporelle" se posent, non pas en opposition au christianisme ou à l'Église, mais du simple fait de l'activité que les chrétiens et l'Église exercent dans la société. Car l'Évangile, en advenant dans la société hiéropolitique chrétienne, y a enclenché un processus profond de différenciation interne : la religion a été détachée de l'État, tandis que la politique était détachée du sacerdoce religieux. D'où, pour l'humanité et son histoire, une nouvelle source de tensions. Sans doute, on peut toujours craindre que la "reconnaissance" de la vérité du politique finisse par amener celui-ci à revendiquer une autonomie absolue d'autonormativité. Toutefois, cette "reconnaissance" même ne peut-elle être considérée malgré tout comme la récupération d'un bien propre qui a permis à la personne humaine de résister à tous les pouvoirs d'annexion ?

Trois thèmes sont examinés dans cet article : le concept de "laïcité"; le "proprium" — ou niveau propre — de la vie politique; l'État — ou l'institution étatique — au cœur de ce "proprium". Nous en reprenons certaines données qui sont éclairantes en ce qui nous concerne ici.

a. Et d'abord, la "laïcité". — L'idée de laïcité est assez récente dans la littérature chrétienne, et elle est plutôt négative. L'évolution du concept de laïcité ressemble à celle du concept de laïc. Le laïc, le monde, le profane ont été perçus et définis en relation avec l'Église et compte tenu d'une participation à la mission de celle-ci. Mais on connaît aussi l'acception du terme laïc à Vatican II, où est évoqué avant tout l'ensemble du Peuple de Dieu, au cœur duquel le fidèle laïc représente "une donnée partielle, complémentaire et inchoative". Fidèles laïcs et fidèles pasteurs occupent une place "partielle" et jouissent d'une fonction "propre" dans et pour la Communion ecclésiale. Les relations du monde et de l'Église, de la communauté humaine et de la communauté ecclésiale, manifestent également cette loi de "*parzialità* et complémentarité". Le Royaume de Dieu, c'est l'accomplissement final *et* de la Communion ecclésiale *et* de la communauté humaine. Et la dialectique de l'ultime et du définitif, du *déjà là* et du *pas encore*, se joue entre l'histoire comme telle — celle du monde et de l'Église — et d'autre part le Royaume eschatologique.

On le voit, l'être humain, le monde, ont "en eux-mêmes", un destin divin. Ils sont à considérer et à vivre comme un domaine non-divin, non-définitif, non achevé, mais en lequel passe un dessein divin et donc un appel divin à un sens, appel qui retentit partout et qui est recueilli par *tous* les moyens (sciences, arts, prière, adoration, politique, amour, souffrance). C'est donc le divin qui protège l'humain, qui le rectifie, l'élève dans son ordre et le rend dès lors "plus authentiquement humain". La sainteté n'est pas une alternative à l'humain, mais une intention totale et radicale d'humanité.

b. En second lieu, quel est le "proprium" de la vie politique ? Dans les perspectives générales d'une recherche sur les données "partielles et complémentaires" de la vie humaine intégrale, la "vie politique" se présente comme le moment du processus d'humanisation et donc de rationalisation ainsi que de spiritualisation, à travers lequel et dans lequel l'être humain organise son "existence sociale". Mais l'"existence sociale", en tant que "sociale-temporelle", n'est pas l'horizon de la totalité de l'existence humaine. L'aire du social n'est pas l'aire de l'ultime et de l'absolu. Et il en va ainsi, dès lors, de la "vie politique", en tant que telle.

A ce propos, on doit rappeler et défendre la médiation nécessaire des valeurs et des finalités en vue desquelles chaque sujet humain organise et vit sa propre vie. C'est cette valeur vécue qui est mobilisatrice et qui anime le dessein de "cultiver l'humain", la "culture". Ce sont donc les finalités et les valeurs humaines qui doivent donner un sens à l'existence politique, et non le politique qui doit régir l'existence. C'est en organisant la vie politique que les personnes vont organiser les conditions et la dimension historique de leur expérience et de leur tâche humaines, à savoir, concrètement, leur personnalisation et' leur libération. Ce n'est pas "le politique" qui fait la "vie politique", mais la vie réelle qui fait "la" politique. Il y aurait, sinon, une inversion ontologique.

c. L'État et sa place dans l'ensemble de la vie politique. - Le concept moderne de l'État est lié à l'évolution de la pratique du pouvoir, de la souveraineté, dans la vie politique. Il s'agit ici d'un processus de prise de conscience menant à une rationalisation toujours plus savante de la vie politique; et ce processus est lui-même inhérent au processus général de civilisation qui caractérise l'époque moderne. L'antiquité, le moyen âge, n'usaient guère du concept différencié de "peuple organisé", de "corps politique" : ce sont là des conceptions "modernes". Cet acquis est encore renforcé par la perception croissante de la nécessité de l'intervention du pouvoir central de la société en ce qui concerne la direction, le contrôle, les fonctions, les services qu'on en attend.

Cet État "moderne" a connu diverses phases d'évolution. À l'époque des absolutismes, il se présentait comme "État personnel". Après la révolution bourgeoise, il est devenu "État national". Actuellement, dans les perspectives bourgeoises-libérales ou socio-démocrates, on en est arrivé à un "Étatappareil". Cet aboutissement constitue un signe : le "politique" est devenu un faisceau d'activités de gouvernement et de conquête des institutions publiques. Des maîtres à penser ont parlé de l'État comme "sujet", comme "substance", jouissant d'une "identité autonome", et doté d'un *proprium* et d'un bien "différenciés" de ceux du "corps politique" comme tel.

Pour retrouver une "vie politique" plus humaine, plus authentique donc, il faut susciter un renouveau de la conscience politique des citoyens, un renouveau de "l'esprit public", qui réduit les forces visant la progressive homogénéisation extérieure, en réveillant la conscience des valeurs de liberté, de justice, de démocratie, de pluralisme, bref, des énergies humaines authentiques.

L'État n'est pas un "sujet", un "super-moi collectif". Il est "une partie" du "corps politique", une part très noble, certes, qui transcende les diverses collectivités intermédiaires, les partis, les associations. Mais sans transcender le "corps politique" comme tel ! C'est ce "corps politique" qui est le "sujet". L'État lui est immanent, comme un "organe partiel", instrument de la vie de l'ensemble. L'État n'est même pas la "tête" du "corps politique" : car par tête on entend un ensemble d'éléments que le corps entier doit servir, alors que ce sont les fonctions de l'État qui sont au service du corps entier. Cette conception plutôt "instrumentaliste" de l'État peut aider à rétablir un sens correct de la politique dans sa portée humaine vraie. Tandis que la conception d'un État-"sujet" aboutit à des ambiguïtés concernant les relations public-privé, civil-État, à cause des manifestations d'autoritarisme d'État qui en découlent.

V- ÉTAT "LAIQUE" ET/OU "NON-CONFESSIONNEL"

La "non-confessionnalité" est un terme qui peut, comme d'autres termes de la vie politique, évoquer de nombreuses données, pleines d'intérêt souvent, inattendues parfois, voire discutables à certains moments. En voici quelques-unes, en vue d'aider à nourrir d'éventuels échanges[46].

1- Précisions conceptuelles

La non-confessionnalité, qui est' une caractéristique de l'évolution historique vécue à l'époque moderne par les sociétés occidentales, est toujours instaurée dans un climat de sécularisation et au désavantage des groupes religieux jouissant de certains privilèges. Ce "recul" peut s'accompagner d'un sentiment d'infidélité à des traditions historiques qui ont identifié la personnalité nationale à une religion. Si bien que la non-confessionnalité impliquerait, en l'occurrence, un processus de dissolution de la cohésion nationale. Toutefois, la vérité de certaines considérations de cet ordre, et dans tel ou tel pays, ne peut porter préjudice au progrès que constitue en fait la non-confessionnalité de l'État pour l'ensemble de la civilisation des cinq continents, où l'idéal de l'État de droit, démocratique et pluraliste, est de plus en plus promu et, lentement, réalisé.

Cette non-confessionnalité a toutefois, sur la vie des États et des Religions, une répercussion à première vue curieuse. Les sociétés contemporaines étant de plus en plus "pluralistes", les "corps intermédiaires" des citoyens seront de plus en plus fréquemment "pluralistes" également en ce qui concerne l'option religieuse de leurs membres. Non point par "indifférentisme", mais parce que de nombreux objectifs humains peuvent être poursuivis par les membres de "confessions religieuses" différentes, sans que ceux-ci estiment devoir se séparer au nom de leurs principes religieux, d'autant plus que ces principes peuvent aussi s'accorder sur les objectifs poursuivis.

Mais par ailleurs, comme l'État non-confessionnel est devenu "pluraliste", comme il a abandonné la coutume de régler les problèmes "au sommet" (Pape-Empereur, Prince-Évêque), il devient de plus en plus indispensable que les citoyens-fidèles eux-mêmes se présentent dans le "dialogue" inter-religieux et inter-éthique de la vie civile, avec des repères fermes, une identité bien dessinée, une densité non diluée, mais sans que cette fermeté, ce dessin, soient une simple reprise des caractères propres à l'époque de l'État catholique, confessionnel. Ce qui requiert une imagination attentive et créatrice.

Divers auteurs ont abordé le thème de la "non-confessionnalité". La "non-confessionnalité" de l'État, explique par exemple L. de Naurois[47], a un sens précis. Cet État ne professe, au nom de la communauté nationale, aucune foi, n'adhère à aucune religion, ne donne investiture à aucune Église, ne professe pas non plus l'irréligion. Il reste en somme "en-deçà" de l'option religieuse. Toutefois, fait-il remarquer très opportunément, dans l'État non-confessionnel, "la religion n'est pas nécessairement affaire individuelle; elle est simplement affaire de droit privé et non de droit public" (c.745). Le malentendu à ce propos est fréquent, et il est de portée considérable.

Dire "non-confessionnalité" de l'État, c'est affirmer que l'ordre temporel joint d'une "substance" propre et que les citoyens ne sont pas comptables devant César de leur option philosophico-religieuse à l'égard de Dieu. "Une philosophie personnaliste peut donc accepter ce silence de César, comme un hommage à la responsabilité personnelle de l'être humain dans le domaine de l'option religieuse". Les croyants, quant à eux, y verront le respect de leurs convictions, tandis que leur situation appellera un effort personnel plus décidé parce que libéré du conformisme social, un engagement de plus grande qualité parce qu'appelé au témoignage, une démarche plus éclairée parce que vouée au dialogue.

Un problème : l'État est-il habilité, sur la base de sa "non-confessionnalité", à accorder ou à refuser une aide concrète, voire même financière, à toutes les activités ou institutions liées à des milieux "croyants" ? On connaît le problème des écoles. "Par hypothèse, il s'agit d'activités à objet profane, telles donc que quiconque peut les déployer, et qui sont supposées utiles à la collectivité tout entière, si du moins tous, sans discrimination tenant à leur option religieuse, peuvent en bénéficier". Alors ?

La non-confessionnalité de l'État, poursuit L. de Naurois, comporte une certaine "séparation" du temporel et du spirituel (p. 746).

Elle entraîne l'incompétence des Églises dans le domaine temporel. Cette incompétence constitue une garantie de liberté religieuse pour les incroyants et les adeptes des religions autres que celles qui sont prédominantes de fait dans un pays, ou qui y jouiraient d'une certaine investiture officielle.

Elle entraîne l'incompétence de l'État dans le domaine spirituel. Par là l'intrusion de l'État dans la vie des croyants est refusée. Toutes les situations n'en sont pas résolues pour autant. Ainsi, lorsqu'un fidèle en appelle aux juridictions étatiques d'une décision de l'autorité religieuse à laquelle il est soumis, décision qu'il estime contraire aux règles légales posées par l'autorité religieuse elle-même. Les tribunaux civils s'y refusent généralement. Sauf lorsque l'agissement incriminé constitue en même temps une violation de l'ordre public : en ce cas, c'est le droit étatique et non le droit religieux qui est appliqué.

Cette incompétence de l'État dans le domaine spirituel peut également rencontrer une autre difficulté. Ainsi, la bigamie, interdite sous peine de sanction dans nombre d'États contemporains, peut être autorisée par une religion. Le principe de l'État non-confessionnel ne peut, en réalité, être appliqué sans tracas que dans le contexte d'une civilisation proche des valeurs défendues par les religions pratiquées dans le pays où la civilisation et les religions se rejoignent dans l'adoption de valeurs communes ou semblables. Or, nous sommes en une civilisation "pluraliste".

On connaît aussi le cas de parents qui refusent de donner à leurs enfants des soins médicaux, leur "religion" leur imposant de ne recourir qu'à la prière en vue d'obtenir une guérison. En ce cas, les tribunaux reconnaissent des circonstances atténuantes.

L'État non-confessionnel garantit également la liberté civile en matière religieuse, et donc la possibilité de suivre les prescriptions dogmatiques, morales et disciplinaires qui s'y rapportent. Ainsi, en France, le Conseil d'État n'a pas hésité à déclarer nul un arrêté municipal réglementant les modes d'abattage du bétail comme ne permettant pas aux israélites de consommer la viande selon les prescriptions de la loi mosaïque". Les seules réserves tolérées sont "les exigences de l'ordre public" (p. 746).

2- Non-confessionnalité et liberté religieuse

Qu'en est-il de la "non-confessionnalité" de l'État par rapport aux droits humains fondamentaux en matière "religieuse" ?

Parmi les citoyens désirant jouir de tous leurs droits religieux, on ne considère en ce qui suit qu'un seul groupe, celui que constituent les "citoyens-fidèles", la communauté catholique. Ce groupe ne demande, en matière religieuse, que l'application de deux Déclarations de portée universelle. D'abord, la *Déclaration universelle des droits de l'homme*, de 1948, au n.18 : "Toute personne a droit à la liberté de pensée, de conscience et de religion; ce droit implique la liberté de changer de religion ou de conviction ainsi que la liberté de manifester sa religion ou sa conviction seule ou en commun, tant en public qu'en privé, par l'enseignement, les pratiques, le culte et l'accomplissement des rites". Ensuite, la *Déclaration sur l'élimination de toutes les formes d'intolérance religieuse et de discrimination fondées sur la religion ou la conviction* adoptée par l'Assemblée générale des Nations Unies le 25 novembre 1981, où sont décrites les libertés impliquées dans le droit général de liberté de pensée, de conscience, de religion et de conviction : à savoir, se réunir pour le culte, fonder des institutions charitables, acquérir le matériel cultuel, écrire et publier ses convictions, enseigner sa religion ou ses convictions, former et désigner des dirigeants, observer les jours de repos et de fête, établir et maintenir des communications aux niveaux national et international"[48].

Lorsqu'elles considèrent ce large éventail de libertés, les autorités ecclésiastiques expriment cependant toujours des réserves d'ordre doctrinal. Lorsqu'elles parlent de liberté, de droit, de l'être humain, de conscience, de religion, de culte, elles n'oublient pas que les Déclarations officielles des divers droits de l'homme souffrent d'une faiblesse : les textes ont été adoptés et compris indépendamment de tout fondement philosophique et religieux, leur valorisation juridique est inachevée, leur application souvent bafouée[49]. Dès lors, en rencontrant ces termes, les autorités catholiques signalent régulèrement et développent volontiers leur portée philosophique, ou leur consistance théologique. Ces mises au point insistantes peuvent donner parfois l'impression qu'elles visent un retour progressif à la doctrine préconciliaire de l'État "chrétien", de l'État "catholique". A tort, certes, comme nous l'avons constaté. Leur intention est plutôt de fortifier au maximum les composantes de ces Déclarations, en les enrichissant de valeurs théologiques, de fondements philosophiques, d'appuis juridiques, en sorte que soit de plus plus ferme la garantie qu'elles peuvent apporter à l'Église, dans la mission qui lui a été confiée par Dieu en Jésus-Christ, bref, la célèbre "Libertas Ecclesiae". C'est à quoi s'efforcent également les délégations du Saint-Siège auprès des organisations internationales où elles peuvent, à divers titres, intervenir au cours de leurs réunions.

☆ ☆ ☆

"En privé et en public", déclarait à diverses reprises le Concile Vatican II (*Gaudium et spes*, 73 §2; *Dignitatis humanae*, 2 et 4). Depuis, les rappels de ce genre sont nombreux. Et ils continuent à retentir. Moins d'un an après son élection, au cours d'un voyage aux États-Unis, le Pape Jean-Paul II prit la parole à la XXXIVème Assemblée générale de l'O.N.U. (2 octobre 1979). À cette occasion, il aborda la question de la liberté religieuse. L'exercice de la religion consiste avant tout, dit-il, en des actes intérieurs volontaires et libres par lesquels l'homme s'ordonne directement à Dieu; de tels actes ne peuvent être ni imposés ni interdits par aucun pouvoir humain. Mais la nature sociale de la personne humaine requiert que ces actes internes de religion revêtent également une expression visible; elle demande qu'en cette matière comme en toute autre naissent et se développent des échanges et des rencontres; elle appelle enfin à ce que cette religion soit professée sous une forme communautaire. Voilà, précisa le Pape, "de quelle façon la confrontation entre la conception religieuse du monde et la conception agnostique et même athée, qui est l'un des 'signes des temps' de notre époque, pourrait conserver des dimensions humaines, loyales et respectueuses, sans porter atteinte aux droits essentiels de la conscience de tout homme ou de toute femme qui vivent sur la terre"[50].

L'expression publique des sentiments religieux, précisait par ailleurs Jean-Paul II dans une Lettre adressée aux Chefs d'État signataires de l'Acte final d'Helsinki, naît de la nature même de l'être humain et de sa réflexion[51]. La personne humaine est amenée, par ses propres convictions, à reconnaître et à suivre une conception religieuse ou métaphysique dans laquelle est impliquée toute sa vie en ce qui concerne les choix et les comportements fondamentaux. Cette réflexion intime, même si elle n'aboutit pas à une affirmation de foi en Dieu explicite et positive, ne peut pas ne pas être tout de même objet de respect au nom de la dignité de la conscience de chacun, dont le mystérieux travail de recherche ne saurait être jugé par d'autres hommes. Cette liberté concrète se fonde sur la nature même de l'homme dont le propre est d'être libre et elle demeure même chez ceux qui ne satisfont pas à l'obligation de chercher la vérité. Bref, insiste une nouvelle fois le Pape comme il l'avait fait auparavant à l'O.N.U., notre vie religieuse "s'exprime par des actes qui ne sont pas seulement intérieurs et exclusivement individuels, parce que l'être humain pense, agit et communique en relation avec les autres. La 'profession' et la 'pratique' de la foi religieuse s'expriment par une série d'actes visibles, qu'ils soient personnels ou collectifs, privés ou publics. Et ceux-ci donnent naissance à une communion avec des personnes de même foi, établissant un lien d'appartenance du croyant avec une communauté religieuse organique" (p. 1173).

Ces données fondamentales ont été, depuis, fréquemment inscrites dans le contexte de la "communication sociale" et des requêtes de celle-ci en matière religieuse. Dans le Discours qu'il adressait le 27 février 1986 aux membres de la Commission Pontificale pour les moyens de communication sociale, Jean-Paul II leur donnait en exemple — *mutatis mutandis* — ceux qui cherchent à promouvoir des produits commerciaux et des services professionnels et qui estiment essentiel de faire parvenir leur message à l'attention du public par l'intermédiaire des moyens de communication sociale. Alors, poursuit le Pape, "comment l'Église peut-elle manquer de proclamer et de partager par les moyens de communication le message sans prix de l'Évangile ?". Il importe donc d'élaborer en ce domaine une sorte de "philosophie publique". Ainsi, en choisissant les modèles à imiter, les thèmes à traiter et les approches à adopter, on peut établir un consensus moral public[52].

De fait, l'adjectif "public" se rencontre de plus en plus fréquemment dans les enseignements ecclésiastiques, et notamment dans les écrits ayant trait aux médias et aux moyens de communication sociale. La raison en est le déploiement considérable de ces moyens ainsi que leur impact puissant sur la maturation et l'avenir de l'"opinion publique".

Cela va sans dire, fera-t-on peut-être observer. Sans doute. Mais se rend-on toujours bien compte de ce qu'implique et comporte une croyance religieuse se manifestant de manière "publique" ?

☆ ☆ ☆

A diverses occasions — et notamment lorsque des représentants du Saint-Siège interviennent au cours d'une réunion des organisations internationales qui les reçoivent — on entend développer l'objet même de ce que peut comporter une expression "publique" de la foi : de son message, de ses requêtes, de son rayonnement. En voici un seul exemple, assez caractéristique certes. Il résume un document envoyé aux Chefs d'État signataires de l'Acte final d'Helsinki et qui a été rendu public à l'ouverture de la Conférence de Madrid le 11 novembre 1980[53]. Ce document comporte notamment "une analyse des éléments spécifiques qui correspondent au concept de 'liberté religieuse" et qui en sont l'application", tant au niveau des personnes que des communautés.

D'abord, les libertés et les exigences au plan personnel :
- adhérer ou non à une foi déterminée et à la communauté confessionnelle correspondante;
- accomplir, individuellement ou collectivement, en privé et en public, des actes de prière et de culte, et avoir des églises ou des lieux de culte;
- pour les parents : la liberté d'éduquer leurs enfants dans les convictions religieuses qui inspirent leur propre vie;
- pour les familles : la liberté de choisir des écoles ou d'autres moyens qui assurent à leurs enfants cette éducation;
- pour toutes les personnes : bénéficier de l'assistance religieuse partout où elles se trouvent, notamment dans les lieux publics de soins, dans les casernes militaires, dans les lieux de détention;
- pour tous encore : ne pas subir, pour des raisons de foi religieuse, diverses limitations ou discriminations par rapport à d'autres citoyens, en ce qui concerne les études, la profession, les responsabilités sociales ou politiques.

Ensuite, les libertés relatives aux communautés et confessions, bref, à tout ce qui concerne la vie communautaire de ceux qui vivent une croyance religieuse. Pour ces diverses communautés, il s'agit d'assurer ce qui suit :

- avoir ses ministres et sa propre hiérarchie interne, selon un choix libre et d'après leurs normes constitutionnelles;
- avoir ses propres instituts de formation religieuse et d'études théologiques, pour les candidats aux divers ministères;
- recevoir et publier des livres religieux touchant la foi et le culte;
- faciliter la diffusion de l'information, de la culture et des échanges de connaissances et d'expériences dans le domaine de la religion et de l'éducation;
- utiliser, dans ce but, les divers moyens de communication sociale : radio, presse, télévision;
- assurer et organiser des activités de bienfaisance, d'assistance et d'autres initiatives permettant de mettre en œuvre le précepte de la charité en particulier envers les plus déshérités;
- vivre ces diverses libertés également au plan international.

3- Un "confessionnalisme en négatif"

L'expression est de Paul VI. Dans son Allocution du Nouvel An 1978 au Corps diplomatique (DC 1978,101-103), Paul VI évoqua les droits de l'homme et, en particulier, le droit à la liberté religieuse. Après avoir souligné que "toutes ou presque toutes les Constitutions du monde" contiennent des garanties en faveur de "l'égalité des citoyens sans distinction de foi religieuse", il constatait aussi "les limitations et les interdictions auxquelles sont soumises dans divers pays, au plan législatif et administratif, ou simplement dans les faits, de nombreuses manifestations de la vie religieuse". C'est cela, et notamment la position de l'État athée, qu'il appelait "confessionnalisme en négatif". Jean-Paul II a repris l'expression à la fin de cette même année 1978, à l'occasion du 30ème anniversaire de la Déclaration des droits de l'homme (DC 1979,2).

La "non-confessionnalité" de l'État moderne est une "neutralité idéologique"[54]. Cette idéologie peut être religieuse (État catholique, État coranique). Elle peut être aussi bien anti-religieuse : franchement (État athée) ou sournoisement (État libéral lorsqu'il "marginalise" ou restreint à "l'intime" individuel les options religieuses).

La religion étant "de droit privé" dans les États modernes "laïques", certains en arrivent — même dans des "services publics"— à interpréter ce statut juridique comme s'il était évident que la religion est "affaire privée". Cette attitude est parfois considérée comme allant de soi. Ainsi, au cours d'un colloque sur les "nouveaux enjeux de la laïcité" organisé à Paris, en avril 1989, par "*La Croix — l'Événement*", un ancien Grand-Maître du Grand Orient de France s'exprima comme suit[55]. Démocratie et laïcité, dit-il, sont des mots inséparables. "Ils excluent toute forme de marginalisation. Ils ne valent que par le respect des hommes, dans la liberté et la responsabilité, c'est-à-dire par le respect des personnes et des idées, lorsque celles-ci s'interdisent d'être hégémoniques. La laïcité est le seul moyen de s'opposer aux despotismes idéologiques, religieux et politiques. La tentation du pouvoir est constante pour ceux qui se réfèrent aux critères exclusifs de leur vérité révélée. A eux, à eux seuls, révélée ! Comme Braudel, je crois que, dans une société où toutes les cultures ont valeur de références, où toutes les ethnies doivent être également considérées et respectées, la religion se doit (les religions se doivent) 'de rester foi intime, morale individuelle'. Dans une démocratie laïque, la foi n'est pas menacée; elle est au contraire protégée" (p. 113).

La marginalisation comme service rendu à la religion tentée par le pouvoir, par l'hégémonie, c'est là une démarche touchante. Mais elle révèle un état d'esprit insuffisamment "laïque"[56]. Ce n'est pas le "dialogue", ni la "correction fraternelle" des communautés chrétiennes; c'est la mise "hors-parcours" !

La non-confessionnalité peut être vécue comme un "agnosticisme" d'État. Ignorant ou évitant toute estimation des valeurs vécues dans la société politique, cet agnosticisme conduit à un pluralisme trompeur, pour lequel toutes les opinions sont également bonnes. C'est que, pour ceux qui le représentent ou l'expriment, les valeurs vécues dans la société politique ne sont que des besoins subjectifs n'intéressant que les individus dans leur vie privée. Or, un État de droit, au service des droits fondamentaux de tous les citoyens, doit assurer l'exercice de ceux-ci, harmoniser les activités d'un chacun, permettre le dialogue pluraliste des groupes intermédiaires. La vraie démocratie n'est pas un appareil planant superbement au-delà du vécu de la société.

Dans la récente encyclique *Centesimus annus*, n.46, le Pape Jean-Paul II touche cette question à propos de "démocratie authentique". "On tend à affirmer aujourd'hui, écrit-il, que l'agnosticisme et le relativisme sceptique représentent la philosophie et l'attitude fondamentale accordées aux formes démocratiques de la vie politique, et que ceux qui sont convaincus de connaître la vérité et qui lui donnent une ferme adhésion ne sont pas dignes de confiance du point de vue démocratique" (DC 1991,541).

Des auteurs évoquent également "l'illusion formaliste"[57]. Ils visent par là le rayonnement global d'une structure culturelle constituée en ordre principal de "formes", lesquelles, estime-t-on, laissent chacun libre de diriger personnellement sa propre vie privée. Cette domination des "formes" est typique d'une société comme la nôtre, qui est le lieu privilégié des moyens, des techniques, des instruments, des méthodes, bref, des "appareils" plutôt que des finalités et des valeurs. En somme, une sorte d'agnosticisme pour notre temps. Cette totalité culturelle formaliste, loin d'être sans séquelles pour le faisceau de valeurs adoptées dans le vécu personnel, l'envahit au contraire, le modifie et progressivement le métamorphose selon sa logique propre. Le "formel" finit par dévorer les contenus (valeurs, finalités), il les digère puis les remet en circulation après les avoir réduits à son niveau. Les personnes sont alors comme introduites dans un brouillard des significations.

La non-confessionnalité défend un principe de "neutralité", signe d'"impartialité"[58]. Elle signifie, pour l'État libéral, que celui-ci doit se situer au-delà des conflits partisans, religieux ou idéologiques, et même doit éviter d'intervenir dans le règlement de débats sociaux lorsque ceux-ci sont susceptibles d'aboutir par eux-mêmes à une solution. L'histoire montre néanmoins que cette confiance dans l'équilibre naturel des situations et des difficultés est à maintes reprises illusoire. Mais les "services publics" n'ont pas à exercer la "neutralité" selon la même modalité.Il leur est demandé de respecter la variété des opinions, la diversité des options, la pluralité des croyances, bref tout le pluralisme de convictions, de valeurs et de finalités qui est vécu dans l'ensemble de la société civile. Et ici, les accrocs, les dérapages, les erreurs peuvent se multiplier. Il y a la qualité de tel ou tel intervenant et "envoyé spécial". Il y a la fréquence ou la rareté de présentation de telles idées ou de tels événements. Il y a la focalisation des annonces, des images, des commentaires, des correspondants sur tel ou tel fait politique ou religieux.

La non-confessionnalité peut être vécue par les "services publics" dans un esprit positivo-scientiste[59]. On estime ne pouvoir juger avec exactitude, que si cette exactitude est parfaitement "mesurable". On ne peut être réellement "scientifique" si l'on déborde le domaine de l'expérimentable, et donc renouvelable dans les mêmes conditions. Les profondeurs de domaines comme l'espérance, l'amour, la joie, ne sont abordées qu'avec mille précautions, et en signalant les erreurs des psychologues, des spirituels. Le climat devient particulièremnt nerveux dès qu'apparaît, au cours d'échanges, la question de la signification plus ou moins "ultime", la question du "sens" : on renvoie la discussion à "un autre" débat, à plus tard, alors que la question du sens est profondément humaine, authentiquement philosophique; et les humanistes "ouverts" en reconnaissent l'importance capitale.

La non-confessionnalité des "services publics" n'exclut pas nécessairement le domaine du "religieux"[60]. Mais lorsque l'on suit régulièrement ce qui est abordé à ce sujet, que rencontre-t-on ? De l'ethnologie, certes, avec tout l'intérêt de ces descriptions soignées, mais qui appartiennent, quasi par hypothèse, à des régions "moins civilisées". Pour nos régions, le "folklore" religieux a sa place, et donc ainsi la "religion populaire", avec toutes les valeurs véritables que celle-ci implique, mais non sans s'arrêter à tel élément plutôt superstitieux. Il y a aussi les reportages sur des Religions, ou sur des Églises : ici également, c'est l'anecdotique qui est prévalent, et beaucoup moins la donnée foncière, essentielle, constante. On ressent en permanence la crainte de déborder les limites... du positivisme ou du scientisme. Par bonheur, les "services publics" culturels offrent souvent quelque temps d'émission aux responsables mêmes des groupes ou associations représentant les différentes options philosophiques ou religieuses de la région.

☆ ☆ ☆

La non-confessionnalité grince face à tous les cléricalismes, à tous les "dogmatismes", à tous les "intégralismes"... Dans un ouvrage apportant son appui à un "renouvellement" de la laïcité, des humanistes ont proposé une anthologie de ceux qui en ont établi les fondements et nourri l'idéal[61]. Ces textes s'échelonnent de la Révolution française à la deuxième guerre mondiale. La Présentation en dégage le cheminement suivant. "De Condorcet à Jaurès, ..., et au-delà des divergences ou des poussées de fièvre imputables au contexte, on peut saisir, nous semble-t-il, comment la laïcité s'est instituée comme conscience de la démocratie en tentant de préserver la liberté d'esprit. Surtout, on mesurera les efforts pour éviter que la pensée scientifique se sclérose en dogme (de Comte à Bougié en passant par Hugo, le cheminement n'est pas aussi simpliste qu'on s'est plu à le dire), et pour contenir la religion dans ses limites sans nier son immense portée culturelle (Volney, Quinet, Vacherot, Durkheim : une belle leçon pour les intolérances)" (p. 9). "Préserver la liberté d'esprit", "éviter de se scléroser en dogme", "sans nier son immense portée culturelle" : ce sont là des harmoniques que l'on aimerait entendre en toute "non-confessionnalité".

On comprendra ainsi que certains humanistes, et mieux encore certains chrétiens, loin de s'opposer à cette "laïcité" non-confessionnelle de l'État, demandent au contraire, non seulement qu'elle soit adoptée, mais surtout, qu'elle soit vécue pleinement, intégralement , authentiquement[62].

VI- L'ÉTAT DE DROIT ET LE DESSEIN DE DIEU

Dans ce chapitre, les considérations doctrinales relatives aux réalités terrestres en général seront appliquées à l'État de droit, tel qu'il est reçu aujourd'hui dans l'enseignement ecclésiastique. Mais pour éviter d'inutiles malentendus concernant cet enseignement même, il est nécessaire de rappeler brièvement ce qu'il peut fournir, ce qu'il prétend fournir sur la nature et sur l'histoire de la société humaine.

1- Portée des enseignements de l'Église

Cette recherche, très délicate, est facilitée aujourd'hui. En effet, la portée des enseignements ecclésiastiques sur la société a été analysée et précisée dans les "Orientations pour l'étude de l'enseignement de la doctrine sociale de l'Église dans la formation sacerdotale" publiées en juin 1989 par la Congrégation pour l'Éducation catholique[63].

Deux traits frappent dans l'ensemble des orientations. Tout d'abord, lorsqu'elles énumèrent les principes permanents de l'enseignement social, on voit défiler les grands traits de l'État de droit tel qu'il est décrit aujourd'hui : personne humaine, droits de l'homme, bien commun, solidarité, subsidiarité, participation, destination universelle des biens (nn.30-42). Ensuite, lorsqu'est précisée la méthodologie des recherches à mener, c'est le message chrétien de la révélation qui intervient à titre premier et ultime; toutefois, les médiations rationnelles de l'analyse et des sciences humaines sont également valorisées au plus haut point.

Il devient ainsi moins malaisé de s'exprimer sur le "lien" à établir entre l'État non-confessionnel et la foi chrétienne concernant Dieu, Jésus-Christ, l'Église. Car certains chrétiens aujourd'hui, désireux de vivre en "cohérence" plénière avec la révélation divine, oublient parfois les inévitables médiations humaines qui affectent cette cohérence foncièrement désirable. Et comme ces chrétiens sont, parfois aussi, d'orientation mystique, ils pourraient attribuer à Dieu, grâce à une immédiateté de communion spirituelle, des directives, des perspectives pratiques, qui ne viennent pas nécessairement, ni intégralement, du Seigneur ressuscité ou de son Esprit.

Dans ces *Orientations*, la "nature théologique" de l'enseignement social ecclésiastique est d'emblée affirmée. "En tant que partie intégrante de la conception chrétienne de la vie, la doctrine sociale de l'Église revêt un caractère éminemment théologique... Il ne s'agit pas seulement de communiquer un 'savoir pur', mais un savoir théorico-pratique de portée et d'incidence pastorale, en cohérence avec la mission évangélisatrice de l'Église" (n.5). Chez le Pape Jean XXIII, par son style, par son langage, "affleure la tendance à valoriser l'empirique et le sociologique, mais dans le même temps on accentue la motivation théologique de la doctrine sociale. Ceci est d'autant plus évident si l'on fait une comparaison avec les documents précédents ou prédomine la réflexion philosophique et l'argumentation basée sur les principes du droit naturel" (n.23).ʹ

Les *Orientations* (n.7) s'expriment clairement sur la "méthodologie" de cette recherche. "Cette méthode se développe en trois temps : voir, juger et agir". Le "voir" c'est "la perception et l'étude des rapports réels et de leurs causes, dont l'analyse relève de la compétence des sciences humaines et sociales". Le "juger" est la phase intermédiaire où "se situe la fonction propre du magistère de l'Église, qui consiste précisément dans l'interprétation de la réalité du point de vue de la foi... Il est clair que dans le voir et le juger de la réalité, l'Église n'est pas et ne peut être neutre, car elle ne peut pas ne pas se conformer à l'échelle des valeurs énoncées dans l'Évangile". L'"agir" est ordonné à la réalisation des choix. Il appartient "au vrai chrétien" de traduire concrètement cette doctrine "en catégories d'action, de participation et d'engagement".

Dans ce discernement, les sciences positives sont d'un appui important (n.10). "De toute façon, un 'dialogue fructueux' entre l'éthique sociale chrétienne (théologique et philosophique) et les sciences humaines est non seulement possible, mais encore nécessaire pour la compréhension de la réalité sociale. La claire distinction entre la compétence de l'Église, d'une part, et celle des sciences positives, d'autre part, ne constitue aucun obstacle pour le dialogue, mais au contraire le facilite".

Et qu'en est-il de la "pratique", de l'"agir" ? (n.48). Certes, "déjà la connaissance des problèmes sociaux et l'interprétation éthique à la lumière du message évangélique... offrent des orientations pour ce jugement, qui doit guider les comportements et les choix chrétiens". C'est là une première donnée. "Toutefois, le passage du doctrinal au pratique suppose des médiations de nature culturelle, sociale, économique et politique, pour lesquelles sont particulièrement compétents, bien que non exclusivement, les laïcs, à qui il revient de développer les activités temporelles de leur propre initiative et sous leur propre responsabilité". La responsabilité des laïcs est donc considérable à tous égards.

Ces positions de départ entraînent diverses conséquences concernant l'interprétation et l'utilisation des documents ecclésiastiques en ce domaine.

Tout d'abord, "pour comprendre le développement historique de la doctrine sociale, il faut pénétrer dans le contexte socio-culturel de chaque document et comprendre les conditions économiques, sociales, politiques et culturelles dans lesquelles il a été publié. Dans les différentes déclarations, l'on peut alors mieux découvrir l'intention pastorale de l'Église face à la situation de la société examinée et à l'ampleur du problème social" (n.18). De plus, "il peut arriver que le changement de situations postule la modification d'un précédent jugement, émis dans un contexte différent. Cela explique pourquoi on a aujourd'hui dans la doctrine socale de l'Église des jugements différents de ceux d'autrefois, bien que dans la continuité d'une ligne tracée par les principes. De toute façon, il est évident qu'un jugement mûri sur les nouvelles situations, sur les nouveaux modèles de la société et sur ses nouveaux programmes ne dépend pas seulement de la doctrine sociale, mais aussi de la formation philosophique et théologique, du sens politique et du discernement des changements du monde. Tout cela requiert préparation éloignée et prochaine, étude et réflexion" (n.53).

D'où, une diversité dans les orientations doctrinales et dans l'action. L'enseignement social de l'Église évolue. "La doctrine sociale de l'Église, à cause de son caractère de médiation entre l'Évangile et la réalité concrète de l'homme et de la société, a besoin d'être continuellement mise à jour et rendue apte à répondre aux nouvelles situations du monde et de l'histoire. De fait, dans les décennies qui se sont succédé, elle a connu une évolution considérable" (n.11). Quant à l'action suggérée par ces orientations doctrinales, elle "ne se déduit pas a priori une fois pour toutes de considérations philosophiques et éthiques, mais se précise, une fois après l'autre, par le moyen du discernement chrétien de la réalité" (n.54).

De là également, les "nuances" dans les propositions concrètes de l'Église. Celle-ci, tout d'abord, "n'offre pas son modèle propre de vie sociale; elle reste plutôt ouverte à un certain pluralisme de projets et d'hypothèses pour l'action, selon les charismes et les dons accordés par l'Esprit aux laïcs en vue de l'accomplissement de leur mission dans le cadre de la famille, du travail, de l'économie, de la politique, de la culture, de la technique, de l'écologie, etc." (n.60). Et concernant le domaine politique en particulier, l'Église n'est liée "à aucun système politique comme à une 'voie' propre à choisir parmi les autres systèmes", mais elle encourage les fidèles pour qu'ils "optent en faveur de solutions et, quand c'est historiquement vérifiable, d'un modèle dont l'inspiration de la foi puisse devenir praxis chrétienne" (n.63).

À ce propos, il existe deux concepts du politique et de l'engagement politique. L'un, qui revient aux laïcs, vise les décisions concrètes, les programmes, les campagnes, la représentation populaire, les pouvoirs à exercer. L'autre concerne l'ensemble des problèmes qui ont une dimension éthique : "il s'agit d'une politique entendue dans sa plus haute valeur 'sapientielle' et qui est du devoir de l'Église tout entière" (n.63). Toutefois, a soin de préciser le Document ecclésiastique, "évangéliser la totalité de l'existence humaine, la dimension politique y comprise, ne signifie pas nier l'autonomie de la réalité politique, comme celle de l'économie, de la culture, de la technique, etc., chacune dans son ordre" (n.63).

2- L'État : structure, influence

On appelle couramment État une société politique fermement structurée ou le seul gouvernement de cette société. Et voici en quoi cet État constitue une vraie "réalité terrestre", consistante, rayonnante.

Tous les traités d'introduction à la sociologie décrivent, distinctes des réalités "individuelles", une série d'autres réalités, à savoir les systèmes, les structures, les groupements, les institutions, les régimes. Ces structures, certes, ne sont pas des "sujets" à l'instar des personnes. Et pourtant, elles sont l'expression concrète et variée d'un univers symbolique; elles sont un faisceau de normes, un éventail de valeurs, un réseau de modèles. A ce niveau, les cultures sont également des systèmes sociaux. Elles signifient alors "l'ensemble des institutions, considérées à la fois dans leur aspect fonctionnel et dans leur aspect normatif, en lesquelles s'exprime une certaine totalité sociale, et qui représentent, pour les individus appartenant à cette totalité, le cadre obligatoire qui façonne leur personnalité, leur prescrit leurs possibilités et trace en quelque sorte à l'avance le schéma de vie dans lequel leur existence concrète pourra s'insérer, par lequel elle pourra prendre une forme effective"[64].

C'est qu'en effet les "structures globales", qui sont le lieu d'une interaction permanente entre les données "personnelles" et les facteurs "collectifs", sont également la source d'une influence qui émane réellement d'elles, en tant que distinctes des personnes qui les créent, les dirigent, les transforment, les dominent. Le "comment" de cette action est étudié par les sciences humaines, par la sociologie en particulier, lorsqu'elle aborde l'analyse macrosociologique des ensembles sociaux.

Cette analyse conduit à rappeler que les "structures" sont à penser en termes de *processus*. Qu'il s'agisse de l'État, de l'économie ou de la culture, "dans la réalité, il s'agit de domaines de l'action pratique historiquement vivants et dépendants les uns des autres, dans lesquels ce ne sont pas des structures données d'avance qui sont à garder, mais des processus structurels qui doivent être soumis à des règles", faisait observer J. Moltmann dans *L'Église dans la force de l'Esprit* [65]. Et même, ajoutait-il, aujourd'hui, en notre époque où l'on reconnaît l'interdépendance croissante de tous les peuples et de toutes les sociétés, les processus politiques, économiques et culturels auxquels le chrétien est confronté sont devenus des processus mondiaux, tandis que "les progrès non simultanés et égoïstes dans les différentes dimensions ont fait tomber le monde aujourd'hui dans une crise globale" (p. 219).

C'est le "processus" du développement, précise *Sollicitudo rei socialis*, qui est atteint ou ralenti par les péchés personnels et par les structures diverses qui en découlent (n.36) (DC 1988,249).

C'est le "processus d'inculturation" qui est défini dans le Document de la Commission internationale de théologie sur *La foi et l'inculturation*, au n.11 (DC 1989,283).

C'est d'un laborieux "processus historique" que sont "sorties de nouvelles formes de démocratie", déclare aussi l'Encyclique *Centesimus annus* dans le contexte suivant. "L'Église a affirmé avec simplicité et énergie que tout être humain, quelles que soient ses convictions personnelles, porte en lui l'image de Dieu et mérite donc le respect. La grande majorité du peuple s'est bien souvent reconnue dans cette affirmation, et cela a conduit à rechercher des formes de lutte et des solutions politiques plus respectueuses de la dignité de la personne. De ce processus historique sont sorties de nouvelles formes de démocratie qui suscitent l'espoir d'un changement dans les structures politiques et sociales précaires, grevées de l'hypothèque d'une douloureuse série d'injustices et de rancœurs, qui s'ajoute à une économie désastreuse et à de pénibles conflits sociaux" (n.22) (DC 1991,529). On a bien repéré les termes "lutte", "processus historique", "conflits".

L'importance des structures globales est fréquemment rappelée aujourd'hui dans toutes les études traitant de l'"inculturation". Ainsi, dans le Document de la Commission théologique internationale sur *La foi et l'inculturation* [66] cité ci-après.

S'appuyant sur la conviction que l'Incarnation du Verbe a été aussi une incarnation culturelle, le Pape Jean-Paul II a affirmé à diverses reprises que "les cultures, analogiquement comparables à l'humanité du Christ en ce qu'elles ont de bon, peuvent jouer un rôle positif de médiation pour l'expression et le rayonnement de la foi chrétienne" (Intr.,n.5).

Certes, "le sujet premier de la culture est la personne humaine... L'homme se cultive, ... mais il le fait grâce à des *œuvres de culture*, et grâce à une mémoire culturelle. Aussi, la culture désigne-t-elle encore le *milieu* dans lequel et grâce auquel les personnes peuvent grandir" (I.,5). Les termes soulignés le sont dans le texte.

La personne humaine est un être de communion. "C'est en solidarité avec les autres et à travers les liens sociaux vivants que la personne progresse. Aussi ces réalités que sont les nations, le peuple, la société, avec leur patrimoine culturel, constituent-elles pour le développement des personnes un milieu déterminé et historique d'où elles tirent les valeurs qui leur permettent de promouvoir la civilisation" (I.,6).

Suit une description en bref du "processus d'inculturation". Le terme inculturation inclut l'idée de croissance, d'enrichissement mutuel des personnes et des groupes, "du fait de la rencontre de l'Évangile avec un milieu social". L'inculturation est donc "l'incarnation de l'Évangile dans les cultures autochtones et, en même temps, l'introduction de ces cultures dans la vie de l'Église" (I.,11).

Aussi, pour que soit affrontée avec succès la tâche extrêmement complexe de l'inculturation dans le monde moderne, "il nous faut développer une *capacité d'analyser les cultures* et d'en percevoir les incidences morales et spirituelles" (III,26).

☆ ☆ ☆

On s'est demandé, à un certain moment, si le Pape Jean-Paul II reconnaissait toute l'influence des "structures" dans la société. La question a été posée après la lecture de l'Exhortation apostolique sur *La Réconciliation et la Pénitence dans la mission de l'Église d'aujourd'hui.* On peut y lire en effet : "Une situation — et de même une institution, une structure, une société — n'est pas, par elle-même, bonne ou mauvaise" (n.16). À lire attentivement, on constatera que le Pape parle de "sujets moraux" et d'une société "par elle-même". Bref, "les vraies responsabilités sont donc celles des personnes". "À l'origine de toute situation de péché se trouvent toujours des hommes pécheurs". Et les changements apportés à une situation "dans ses aspects structurels et institutionnels" se révéleront problématiques "si les personnes directement ou indirectement responsables d'une telle situation ne se convertissent pas" (n.16)[67].

L'encyclique *Sollicitudo rei socialis* (n.36) apporte sur ce point des précisions éclairantes. Les structures de péché, explique le Pape, ont pour origine le péché personnel et, par conséquent, sont toujours reliées à des *actes concrets* des personnes, "qui les font naître, les consolident et les rendent difficiles à abolir. Ainsi elles se renforcent, se répandent et deviennent sources d'autres péchés, et elles conditionnent la conduite des hommes". Par l'inobservance des dix commandements, "on offense Dieu et on porte tort au prochain en introduisant dans le monde des conditionnements et des obstacles qui vont bien au-delà des actions d'un individu et de la brève période de sa vie. On interfère ainsi également dans le processus du développement des peuples dont le retard ou la lenteur doivent aussi être compris dans cet éclairage"[68]. Et un peu plus loin, en vue de la révision des structures, le Pape cite le système commercial international, le système monétaire et financier international, le cadre juridique international des Organisations internationales (n.43).

3- L'État : la volonté de Dieu

Ce chapitre tend à développer quelque peu, en l'appliquant à la société politique et à l'État de droit, ce qui a été dit plus haut des réalités terrestres "en général". Tel est le fondement premier et global de ce qui sera attribué maintenant à l'État de droit, démocratique, social, pluraliste, non-confessionnel.

La relation de la cité temporelle avec Dieu apparaît déjà dans les déclarations de *Gaudium et spes*, 34, sur l'activité humaine dans l'univers. "Pour les croyants, une chose est certaine : considérée en elle-même, l'activité humaine, individuelle et collective, ce gigantesque effort par lequel les hommes, tout au long des siècles, s'acharnent à améliorer leurs conditions de vie, correspond au dessein de Dieu... Cet enseignement vaut aussi pour les activités les plus quotidiennes. Car ces hommes et ces femmes qui, tout en gagnant leur vie et celle de leur famille, mènent leurs activités de manière à bién servir la société, sont fondés à voir dans leur travail un prolongement de l'œuvre du Créateur, un service de leurs frères, un apport personnel à la réalisation du dessein divin pour l'histoire".

La Constitution pastorale *Gaudium et spes*, 26, rappelle aussi le sens profond, "ultime", de l'activité exercée par ceux qui assurent et maintiennent, dans la société civile, "l'ensemble des conditions sociales qui permettent, tant aux groupes qu'à chacun de leurs membres, d'atteindre leur perfection d'une façon plus totale et plus aisée". Ce bien commun "prend aujourd'hui une extension de plus en plus universelle, et recouvre des droits et des devoirs qui concernent tout le genre humain". En même temps "grandit la conscience de la dignité de la personne humaine, supérieure à toutes choses, et dont les droits et les devoirs sont universels et inviolables". Suit une énumération qui évoque, en réalité, les libertés publiques et les services publics assurés par l'État démocratique et social : "nourriture, vêtement, habitat, droit de choisir librement son état de vie èt de fonder une famille, droit à l'éducation, au travail, à la réputation, au respect, à une information convenable, droit d'agir selon la droite règle de sa conscience, droit à la sauvegarde de la vie privée et à une juste liberté, y compris en matière religieuse". Puis paraît le passage qui nous concerne ici. "L'Esprit de Dieu qui, par une providence admirable conduit le cours des temps et rénove la face de la terre, est présent à cette évolution".

Le Document de la Congrégation pour l'Éducation catholique sur les "Orientations pour l'étude et l'enseignement de la doctrine sociale de l'Église"[69] énumère, aux nn.30-42, les "principes permanents" de cette doctrine. Ce sont : la personne humaine, les droits de l'homme, le rapport personne-société, le bien commun, la solidarité, la subsidiarité, la participation, la destination universelle des biens. Ne sont-ce pas là quelques éléments majeurs d'une conception de l'État de droit, démocratique, social, pluraliste ? Or, cette doctrine est située d'emblée au cœur de l'histoire du salut. "Elle plonge ses racines dans l'histoire du salut et trouve son origine dans la même mission salvifique et libératrice de Jésus-Christ et de l'Église. Elle se rattache à l'expérience de la foi dans le salut et dans la libération intégrale du Peuple de Dieu, décrits d'abord dans la Genèse, dans l'Exode, dans les Prophètes et dans les psaumes, et ensuite dans la vie de Jésus et dans les Lettres apostoliques" (n.15). En ce qui concerne Jésus en particulier : "L'Évangile montre avec abondance de textes que Jésus n'a pas été indifférent ni étranger au problème de la dignité et des droits de la personne humaine, ni aux besoins des plus faibles, des plus nécessiteux et des victimes de l'injustice. En tout temps, il a révélé une solidarité réelle avec les plus pauvres et les plus miséreux; il a lutté contre l'injustice, l'hypocrisie, les abus de pouvoir, l'avidité au gain des riches, indifférents aux souffrances des pauvres, en rappelant fortement la reddition des comptes finale, quand il reviendra dans la gloire pour juger les vivants et les morts" (n.16).

4- L'État comme médiation du salut

Les ouvrages traitant du christianisme et du ministère ecclésiastique sont élaborés couramment selon un critère "ecclésiocentrique". Médiation "par excellence", médiation "complète" de l'œuvre divine salvifique, l'Église catholique est placée au centre. Les autres médiations l'entourent, et de plus en plus loin, au fur et à mesure que diminue la ressemblance concrète et historique avec ce centre ecclésial. La perspective des cercles concentriques est connue. Il est d'ailleurs parfaitement légitime d'élaborer une théologie de ce genre, puisque, pour nous, l'Église catholique constitue l'idéal complet et par excellence de l'institution de salut que Jésus-Christ a instaurée en ce monde.

Toutefois, le théologien peut aussi se mettre du point de vue de l'œuvre que Dieu accomplit réellement par *toutes* les médiations humaines porteuses de salut et de grâce. A ce moment, d'autres perspectives s'ouvrent, celles d'un universalisme qui ne prend pas pour centre de référence une des médiations, quelle que soit sa précellence, mais l'*agir divin lui-même*, et à travers toutes les médiations qui l'incarnent.

Un travail ainsi élaboré reprend les mêmes données que celles des exposés ecclésiocentriques. Mais il se veut plus théocentrique, en un sens précis et limité : il veut établir le relevé planétaire des "fructifications" de l'Esprit, décrire l'effectuation universelle du salut "intégral", proclamer les réalisations mondiales de l'œuvre de l'Agapè divine.

J'ai publié une petite étude sur ce sujet, en vue de montrer où et comment se situe la réflexion théologique sur la portée salvifique de la médiation collective séculière que constitue une structure étatique[70]. En voici le point de départ.

L'acte par lequel une personne s'accomplit à chaque instant n'est pas source de croissance avant tout du fait qu'il appartient au registre religieux ou séculier. Ce qui importe, d'abord et avant tout, c'est qu'il soit conforme à la volonté de Dieu pour telle personne, ici et maintenant. Or, toute personne est "située" dans le temps et dans l'espace, et elle a adopté tel ou tel état de vie. Dès lors, vivre conformément à la volonté de Dieu, c'est prier, travailler aux champs ou à l'usine, se distraire, mener une existence conjugale ou familiale, selon que ces activités sont requises *hic et nunc* par le genre de vie propre à chacun.

La spiritualité chrétienne confirme cette assertion. La constitution dogmatique *Lumen gentium*, après avoir insisté sur l'unicité de sainteté chrétienne, explique que cette sainteté, précisément parce qu'elle est unique et la même pour tous, prend inéluctablement forme dans les genres de vie les plus divers, séculiers comme religieux, d'après les dispositions et les charismes d'un chacun. "Tous ceux qui croient au Christ iront en se sanctifiant toujours plus dans les conditions, les charges et les circonstances qui sont celles de leur vie et grâce à elles — *et per illa omnia* — ... en faisant paraître aux yeux de tous, dans leur service temporel lui-même — *in ipso temporali servitio* — la charité avec laquelle Dieu a aimé le monde" (n°41).

Il en va de même lorsque l'on considère la signification spirituelle des médiations "collectives", telles les "structures globales".

L'influence des "structures globales" peut s'exercer en harmonie avec l'Agir de l'Esprit en ce monde. Elles sont alors porteuses de "fruits spirituels", au sens paulinien de l'expression. Car le "fruit spirituel", s'il évoque d'abord une impulsion intérieure de vie théologale, implique aussi nécessairement, et plus formellement même, une manifestation visible, un déploiement social, une "fructification". Celle-ci est une philanthropie inspirée par l'agapè divine en même temps qu'une épiphanie divine dans la société.

Mais l'influence des "structures globales" peut également se trouver en une certaine discordance avec l'Agir de l'Esprit en ce monde. Elles engendrent alors une régression ou une stagnation. Une régression plus ou moins caractérisée : ralentissement, freinage, divergence, opposition. Ou une stagnation. Or, l'histoire est devenir. Tout "processus structurel" nous engage dans l'épopée humaine universelle. La Vie qui est en Dieu tend à se répandre, à s'épanouir : elle est l'efflorescence inépuisable de sa Bonté.

☆ ☆ ☆

Accepter de considérer toute l'activité de l'Agapè divine par l'œuvre de toutes les médiations qui lui donnent corps et forme comporte, pour les chrétiens eux-mêmes, d'incontestables avantages : ils sont établis dans la vérité intégrale, ils sont protégés contre les griefs de sectarisme et de prétention, ils se situent dans la sphère plénière de la vie théologale.

Etre établi dans la vérité intégrale. À savoir que Dieu agit aussi — à certaines conditions — en dehors de la sphère atteinte par le ministère ecclésiastique institué par Lui. Encore faut-il l'entendre de manière à ce qu'on en saisisse bien la portée concrète et ce, par respect pour l'Agapè du Père, pour l'œuvre du Seigneur ressuscité, pour l'action sanctificatrice de l'Esprit, partout où elles sont relayées par des médiations humaines quelles qu'elles soient, individuelles ou collectives, religieuses ou séculières.

Etre protégé contre les griefs de sectarisme et de prétention. Notre manière de parler des moyens de salut offerts par le ministère de l'Église peut donner l'impression, et donne en fait l'impression à certains, que bien peu de choses vraiment valables peuvent être réalisées sans lui "Ne peut-on trouver Dieu que dans les Églises", écrivait quelqu'un à un journal; "doit-on vraiment donner des frontières à Dieu, le limitant dans le temps et l'espace ?". Ces réactions charrient trop souvent le meilleur et le pire; mais ceux qui les ont provoquées n'auraient-ils pas dû parler de Dieu dans son action universelle et planétaire ?

Se situer dans la sphère plénière de la vie théologale. Si le rayonnement universel de l'Agapè divine n'est pas perçu, est négligé ou oublié, ou sous-estimé, quel peut être pour nous l'horizon plénier de la foi, de l'espérance et de la charité ? Quel peut être l'espace intégral de la vie théologale ? Sans doute, toutes les médiations ne sont pas, en elles-mêmes, également susceptibles de nous mettre en relation avec Dieu. Mais là n'est pas la question. Il s'agit plutôt de savoir si nous croyons à l'œuvre de l'Agapè divine par toutes les médiations humaines animées de son dynamisme, si nous espérons l'action divine en tous les signes porteurs d'espérance où qu'ils se trouvent géographiquemnt, si nous vivons la charité divine en toutes les médiations humaines, collectives et séculières notamment, partout où cette charité peut être à l'œuvre et porter du fruit.

5- L'État : "référence à Dieu", théologale et culturelle

On connaît, car le texte a été rappelé plus haut, le n.36 de *Gaudium et spes*, où il est question de la "juste autonomie des réalités terrestres". Autonomie justifiée, si on l'entend bien. "Mais si, par 'autonomie du temporel', on veut dire que les choses créées ne dépendent pas de Dieu et que l'homme peut en disposer sans référence au Créateur, la fausseté de tels propos ne peut échapper à quiconque reconnaît Dieu. En effet, la créature sans Créateur s'évanouit". Cette nécessaire "référence" au Seigneur, comment peut-elle être vécue ?

D'entrée de jeu, il doit être bien entendu que les œuvres et démarches terrestres jouissent, en elles-mêmes, d'une consistance propre, d'une vérité propre, d'une excellence propre. L'œuvre réalisée par Dieu dans la Création est bonne, très bonne (*Gn 1,31*). Toutefois, pour le chrétien, qui reconnaît le Dieu Créateur et le Dieu de la Révélation, ces réalisations terrestres n'obtiennent leur pleine signification que lorsqu'elles sont perçues et vécues dans leur triple relation avec Dieu : relation radicale ou fondatrice avec le Créateur, divinisante avec le Dieu Sauveur (qui élève et répare), annonciatrice et même "inchoative" avec le Royaume qui vient. — Cette unique relation au triple visage est d'abord "théologale" : le chrétien vit ses activités socio-culturelles ou politiques dans toute leur consistance et leur vérité propres, mais en même temps il assume ces activités dans la foi, dans l'espérance et dans la charité, dans la grâce divine, tandis qu'il les oriente et les exerce visiblement et socialement selon la volonté de Dieu et selon les vœux de l'Esprit. — Comme le chrétien est aussi membre d'une communauté ecclésiale, un élément "eclésial" médiatise la donnée "théologale" : élément sacramentel, dogmatique, éthique ou pastoral, signifiant la médiation ecclésiale inaugurée par le Christ Jésus. Mais voyons tout ceci de plus près.

Triple référence théologale, tout d'abord, en une seule et unique rencontre du Dieu-Trinité, dans l'amour et l'action de grâces. — Rencontre du Dieu Créateur et Providence, en qui "nous avons la vie, le mouvement et l'être" (Actes 17,28). Car c'est sous l'influence permanente de Dieu que les réalités terrestres existent, perdurent et sont le principe d'activités incessantes qui déterminent l'évolution et la croissance de l'univers entier. Cette rencontre actualise donc notre relation fondamentale et fondatrice avec Celui qui est la Source et le Fondement de tout. — Puis, rencontre "divinisante" avec le Dieu qui nous sanctifie, nous sauve, nous rend "filiaux", en son Fils Jésus-Christ, mort et ressuscité pour nos péchés, et dans l'Esprit vivifiant, qui restaure le pécheur, qui nous constitue saints. — Enfin, rencontre avec le Seigneur "qui vient" à la fin des temps, à la Parousie, certes, mais déjà aujourd'hui par la grâce qui est l'annonce, la promesse, le germe et les arrhes du Royaume. Et ce Royaume, c'est l'assemblée des élus, métamorphosés dans la gloire éternelle de Dieu, et louant l'initiative aimante, la bienveillance gratuite, l'alliance irréversible de leur Seigneur.

Cette rencontre théologale avec le Dieu-Trinité, parce qu'elle est "intérieure" appelle, par elle-même, de par la nature de l'être humain, une manifestation corporelle, visible, sociale, collective. Cette pleine expression de notre vie intérieure peut être obtenue, jusqu'à un certain point, sans l'aide explicite de l'Église : par un geste d'adoration en privé, par une démarche personnelle, par des réunions religieuses de groupes, qu'ils soient ou non réticents à l'endroit des communautés ecclésiales. Mais en général, et pour de nombreux chrétiens, l'Église comme telle vient en aide, et de multiples façons. La vie de foi et de prière doit être alimentée et nourrie; et ils reçoivent par l'Église la Bible, des ouvrages de doctrine spirituelle, des prédications. Cette vie de foi doit également être exprimée, manifestée; et ils trouvent dans l'Église des réunions de prières, des célébrations liturgiques, des rites sacramentels. La vie de charité aussi doit être éclairée, orientée; et l'Église leur fournit l'exemple et le stimulant de Jésus lui-même, des saints et des spirituels de tous les âges, des missionnaires, des apôtres laïcs. Cette vie de charité théologale doit se traduire concrètement en amour du prochain; et l'Église promeut de multiples occasions de l'exercer, par les œuvres caritatives, sociales, missionnaires et des engagements de toute sorte.

☆ ☆ ☆

Et le "culte" ? Peut-on parler d'un "culte" lorsqu'il est traité de structure étatique, séculière ?

Le terme culte évoque tout d'abord la louange, l'adoration, la soumission, l'action de grâces, soit vécues au fond du cœur soit exprimées visiblement dans des paroles, des rites, une liturgie. En régime chrétien, l'on cite alors l'oraison et la prière sous ses nombreuses formes, les sacrements et les célébrations liturgiques. Semblable "culte", lié en fait à des médiations de nature "religieuse", jouit d'une précellence certaine, d'une haute densité spirituelle, d'une portée signifiante immédiate. De soi, pourrait-on dire, le contact avec Dieu est établi.

La révélation chrétienne, cependant, nous parle également d'un "culte spirituel", à savoir "en l'Esprit", et qui jaillit de l'existence chrétienne tout entière, en toutes ses dimensions, en tous ses secteurs. La constitution *Lumen gentium*, 34, à Vatican II, parlant de tous les fidèles laïcs et de leur "sacerdoce commun", précise : "Toutes leurs activités, leurs prières et leurs entreprises apostoliques, leur vie conjugale et familiale, leurs labeurs quotidiens, leurs détentes d'esprit et de corps, s'ils sont vécus dans l'Esprit de Dieu, et même les épreuves de la vie, pourvu qu'elles soient patiemment supportées, tout cela devient 'offrandes spirituelles agréables à Dieu par Jésus-Christ' (1 P 2,5); et dans la célébration eucharistique ces offrandes rejoignent l'oblation du Corps du Seigneur pour être offertes en toute piété au Père. C'est ainsi que les laïcs consacrent à Dieu le monde lui-même, rendant partout à Dieu dans la sainteté de leur existence un culte d'adoration".

Ce "culte spirituel", efflorescence du "sacerdoce commun" des fidèles, explique Mgr G. Philips en commentant *Lumen gentium*, 34, est une participation au sacerdoce du Christ. On pourra donc, précise-t-il, "la qualifier de sacerdotale et de spirituelle, mais sous aucune condition de 'cléricale'"[71]. Cette mise au point n'est pas inutile. Elle vise la manière dont les chrétiens se représentent la "louange" exprimée par le pouvoir civil. Dans l'ancien Droit public ecclésiastique, on pouvait lire : "Les devoirs envers Dieu obligent envers la Majesté divine, non seulement chacun des citoyens, mais aussi le Pouvoir civil. La Société civile doit donc honorer et servir Dieu. Quant à la manière de servir Dieu, ce ne peut être nulle autre, dans l'économie présente, que celle que Lui-même a déterminée, comme obligatoire, dans la véritable Église du Christ et cela, non seulement en la personne des citoyens, mais également en celle des Autorités qui représentent la Société civile". Compte tenu des transformations de perspectives reçues aujourd'hui sur la compétence propre de l'État, la situation de pluralisme, la démocratie, on retiendra plutôt la "louange" de Dieu impliquée dans la bonne ordonnance du Pouvoir polique, dans la justesse de ses décisions, l'honnêteté de ses initiatives en vue du bien commun, voire dans son effort à vérifier toutes les conditions d'une authentique laïcité "ouverte". Dans la même ligne de pensée que Mgr G. Philips, P. Ricœur écrivait : "la rédemption emprunte la voie tortueuse des magistratures instituées par Dieu, non point quand elles sont cléricales, mais lorsqu'elles sont justes"[72].

On rejoint et l'on retrouve ainsi la spiritualité des théologiens médiévaux. Ceux-ci distinguaient une glorification *ontologique* de Dieu et une glorification *formelle*. Par glorification ontologique, ils entendaient celle qui est incluse dans la perfection *propre* d'un être et de son activité par rapport à sa finalité *immédiate* ("couper" quand il s'agit d'un couteau). Sans cette condition, un acte de glorification formelle et explicite, tout en vérifiant un aspect cultuel ou liturgique valable, peut se révéler partiellement creux, illusoire, apparent : le contenu existentiel et séculier de semblable louange n'est pas "consistant". Les théologiens médiévaux disaient, en ce sens : il ne peut y avoir de bonne (*debita*) relation avec la Fin *ultime* qu'en passant par la fin *immédiate* requise en chaque démarche humaine; et cette fin immédiate, par laquelle une démarche humaine est orientée ou "ordonnée" à la Fin ultime, c'est cette activité elle-même, et quand celle-ci est parfaite[73].

Très éclairante sur ce sujet est l'histoire du premier document consacré à la liberté civile en matière religieuse, le "Document de Fribourg" (27 décembre 1960). Le P. J. Hamer résume cette phase en quelques lignes[74]. "La deuxième remarque concerne la formule : 'l'État doit un culte à Dieu'. Cette phrase est équivoque, estime le document. Le culte est un acte de l'Église et de ses membres, ce n'est pas un acte de l'État et des citoyens comme tels. Toutefois l'État doit servir Dieu, par des actes qui correspondent à sa propre fin temporelle. Il le fera en reconnaissant la transcendance des valeurs religieuses, les droits intangibles de la personne humaine, et l'exercice de la liberté religieuse dans le cadre des limites imposées par les exigences du bien commun". Un peu plus haut, (p. 56), était décrit le rôle spécifique de l'État : "4° L'État doit proclamer le respect des valeurs religieuses qui le transcendent mais uniquement par des moyens qui lui sont propres, par des actes *civils* en faveur des citoyens et des groupements qui adhèrent à ces valeurs, par un ensemble d'initiatives qui demeurent subordonnées à sa propre finalité *temporelle* ". Vers 1960, fait observer R. Minnerath à ce propos, tout cela "était un lieu commun et d'ailleurs, historiquement, à quelques exceptions près, un fait irréversible. Cependant, la doctrine officielle maintenait la distinction de la thèse et de l'hypothèse, entre l'idéal de la religion d'État et le moindre mal de la tolérance des 'faux cultes'"[75].

VII- L'ÉTAT MODERNE EN JUGEMENT

Diverses études détaillent à souhait les promesses, la fragilité, les aléas d'un État de droit, "démocratique" et "pluraliste". Cet État enthousiasme les uns, inquiète les autres. Il ouvre largement des espaces de liberté, mais l'éventualité d'une déviance par rapport à un point fondamental du message chrétien est plausible. Alors, que dire ?

1- Promesses et vulnérabilité

L'enseignement ecclésiastique actuel concernant la nature et les caractéristiques de l'État a adopté, et de plus en plus fermement, la conception de l'État "moderne" : de droit, démocratique, social, pluraliste et non-confessionnel. Les juristes ont rapidement perçu les conséquences résultant de ces changements en ce qui concerne l'Église, son statut, sa présence dans la société, son action et son rayonnement.

La conception moderne de l'État, constatent-ils, est largement estimée et se répand de plus en plus. Elle est vérifiée et défendue dans les États de l'Europe et de l'Occident en général. Elle est reçue en principe par maints États du monde, tel l'Inde. Beaucoup d'États la considèrent comme un idéal dont ils veulent ou prétendent s'approcher. On se réjouira donc de ce que les enseignements de l'Église, reflet et expression de la pensée des autorités ecclésiastiques, se trouvent ainsi en harmonie, en consonance, quant à l'essentiel, avec un acquis caractéristique de la civilisation "moderne". C'est là un point de rencontre d'importance capitale entre l'Église et la modernité[76].

En abandonnant un enseignement ecclésiastique désormais "dépassé" et reconnu comme tel, celui de l'État "catholique" — avec ses droits face à ceux de l'État, avec son type de "tolérance" à l'endroit de tous les autres croyants, avec sa stratégie de thèse et d'hypothèse — l'Église catholique se dégage d'un ensemble très "problématique" d'attitudes et de démarches "privilégiées", liées à un statut public "privilégié". Ce statut était péniblement supporté et subi par tous les non-catholiques. Volonté d'hégémonie, intolérance prétentieuse, cléricalisme pluriforme : les griefs étaient nombreux, et l'histoire permettait de les illustrer par quelques exemples célèbres. Désormais, l'Église catholique, la communion ecclésiale, se présente comme un "groupe" religieux, — comme une "communauté religieuse", dit couramment la Déclaration *Dignitatis humanae* nn. 4 et 6, — groupe organisé constitué de citoyens-fidèles, plus ou moins important d'après les régions, vivant avec d'autres personnes et d'autres groupes de citoyens, selon un "vivre ensemble" new look, du moins en principe et en devenir[77].

Le changement qui vient d'être décrit, certes dans ses traits majeurs, s'est opéré assez aisément. C'est qu'en effet, l'enjeu réel des débats Église-État n'était pas le "pouvoir politique" mais la "liberté de l'Église". Lorsque, au cours des siècles, les représentants de l'Église ont conclu une sorte d'alliance, faite de multiples aléas, avec les Chefs d'État, c'était, dans leur esprit, pour assurer la célèbre *Libertas Ecclesiae*, la liberté pour l'Église d'accomplir la mission qui lui a été confiée par Dieu en Jésus-Christ. Et si Pie IX revendiquait imperturbablement la souveraineté temporelle du Saint-Siège sur les États Pontificaux, c'était, ajoutait-il toujours, que cette souveraineté "a été donnée au Pontife romain par un dessein particulier de la divine Providence, et qu'elle est nécessaire, afin que ce Pontife romain, n'étant sujet d'aucun prince ou d'aucun pouvoir civil, exerce dans toute l'Église, avec la plénitude de sa liberté, la suprême puissance et autorité dont il a été divinement investi par Notre-Seigneur Jésus-Christ lui-même" (*Maxima quidem*, 9 juin 1862)[78].

Les juristes soulignent aussi certains "avantages" que l'Église catholique, comme aussi les autres Églises chrétiennes ainsi que les diverses Religions du monde, peuvent attendre d'un État de droit, non-confessionnel[79].

Sans être astreints à des discussions toujours pénibles concernant une soi-disant "neutralité", une "marginalisation" de fait, un "laïcisme" déclaré ou même une "reconnaissance" frileuse et quasi pudique, ces groupes religieux sont en droit de demander simplement, et sans discussions inutiles, comme groupes de citoyens-fidèles ou de citoyens-adeptes, de pouvoir jouir de tous les droits et services fondamentaux que les Déclarations universelles et les Conventions nationales reconnaissent à tous les citoyens en tous les domaines, et donc aussi dans le domaine religieux (p. 39-40).

De plus, insiste L. Spinelli, ce qui vient d'être exposé ne s'applique plus seulement à l'Europe, à l'Occident. Dans la mesure où l'idéal de l'État de droit se répand et se trouve réellement appliqué, l'Église catholique, les Églises chrétiennes, les Religions du monde peuvent se présenter en ces régions d'un esprit plus détendu et modeste à la fois. Elles peuvent entrer en contact avec tous les dirigeants de ces pays, quelle qu'y soit la prévalence de telle ou telle Religion (p. 40). Bref, l'"universalité" de l'éthos des droits de l'homme peut jouer ici un rôle inconnu jusqu'en ce temps.

Par ailleurs, écrit encore L. Spinelli, les "rencontres" entre "catholiques" et "humanistes" de chaque région se trouvent ipso facto facilitées. Elles sont plus sereines. En effet, et dans la mesure où les représentants de l'Église catholique vivent ce changement conciliaire, leur attitude constitue une réponse claire à nombre de griefs plus ou moins justifiés. S'ils proposent la révélation, y compris le message certainement divin qu'ils en dégagent, c'est pour l'offrir à la réflexion, éventuellement à un accueil libre, et grâce à la médiation d'un "dialogue" authentique, très bien analysé dans un exposé systématique du Conseil Pontifical pour le Dialogue avec les "Non-croyants" (p. 40).

Ces considérations ne sont pas pure et simple théorie. Il existe en Europe, depuis 1946, une "République indivisible, laïque, démocratique et pluraliste". La "laïcité" en France est "constitutionnelle". Et des aperçus historiques, de courts bilans ont déjà été établis, dans lesquels apparaît sans conteste que l'Église catholique, et les autres institutions ecclésiales ou religieuses, peuvent y vivre d'une façon très acceptable, et somme toute librement[80].

Personne néanmoins n'imagine que l'État de droit, même réalisé au mieux, est une structure étatique idéale, parfaite. Et les politologues pourraient citer des noms illustres qui considéraient la démocratie comme une structure vulnérable, mais la moins mauvaise de toutes. Au cœur d'un État de droit réellement non-confessionnel, certains moments pourraient se révéler pénibles. Ainsi, si la majorité gouvernementale adoptait une position politique qui n'est pas en corcordance, en harmonie, avec une prescription religieuse, du moins lorsque cette prescription religieuse est certainement l'expression de la volonté divine.

A ce moment, il conviendrait de prendre en considération quelques aspects de l'éthique chrétienne de la tolérance.

2- La "tolérance" en milieu "pluraliste"

Nous avons rappelé plus haut ce que le cardinal A. Ottaviani entendait par "État catholique" et comment il précisait les obligations religieuses et cultuelles de celui-ci. Mais nombreux sont les États "pluralistes", et le cardinal se devait donc d'expliquer les raisons et les formes de la "tolérance" qui pouvait être adoptée à l'endroit de ces "erreurs". Cet exposé est important, parce que les raisons données en faveur de la "tolérance" prennent, en situation civile "pluraliste", un intérêt réel et une portée inattendue.

"Dans cette sauvegarde de la vraie foi, il faut procéder selon les exigences de la charité chrétienne et de la prudence, afin que les dissidents ne soient pas éloignés de l'Église par la terreur, mais plutôt attirés à elle, et que ni la Cité ni l'Église ne subissent aucun dommage. Il faut donc toujours considérer et le bien commun de l'Église et le bien commun de l'État, en vertu desquels une juste tolérance, même sanctionnée par les lois, peut, selon les circonstances, s'imposer au Pouvoir civil; cela, d'une part, afin d'éviter de plus grands maux, tels que le scandale ou la guerre civile, l'obstacle à la conversion à la vraie foi et autres maux de cette sorte, d'autre part, afin de procurer un plus grand bien, comme la coopération civile et la coexistence pacifique des citoyens de religions différentes, une plus grande liberté pour l'Église et un accomplissement plus efficace de sa mission surnaturelle, et autres biens semblables. En cette question, il faut tenir compte, non seulement du bien d'ordre national, mais encore du bien de l'Église universelle et du bien commun international. Par cette tolérance, le Pouvoir civil catholique imite l'exemple de la divine Providence, laquelle permet des maux dont elle tire de plus grands biens. Cette tolérance est à observer surtout dans les pays où, depuis des siècles, existent des communautés non-catholiques"[81].

Tels sont les devoirs d'un "Pouvoir civil catholique" dans une "cité catholique".

En réalité, cette réflexion sur les raisons et la pratique de la "tolérance" en milieu "pluraliste" a été amplement développée par le Pape Pie XII.

Le 6 décembre 1953, à l'occasion de l'Assemblée nationale de l'Union des juristes italiens, Pie XII aborda le thème : "La pluralité des confessions religieuses devant la loi"[82].

Dans la communauté des peuples, dit le Pape, "telle qu'elle est aujourd'hui en partie réalisée mais que l'on tend à réaliser et à consolider à un degré plus élevé et plus parfait" (c.1606), on rencontre des catholiques ainsi que des non-catholiques. Alors ? Quelle solution proposer pour l'État ? Quelle solution suggérer pour l'Église ?

Et d'abord, pour l'État. Voici, en résumé, ce que propose Pie XII. "Ce qui ne répond pas à la vérité et à la morale n'a objectivement aucun droit à l'existence, ni à la propagande, ni à l'action" (c.1606). Faut-il pour autant "empêcher cela par le moyen des lois d'État et de dispositions coercitives" ? Pas nécessairement, et ce, "dans l'intérêt d'un bien supérieur plus vaste". En effet, explique alors le Pape, le devoir de réprimer "doit être subordonné à des normes plus hautes et plus générales qui, dans certaines circonstances, permettent et même font peut-être apparaître comme le parti le meilleur celui de ne pas empêcher l'erreur, pour promouvoir un plus grand bien".

Il importe de suivre dans le détail l'argumentation du Pape qui, pour fixer sa position, prend appui sur l'exemple du comportement qu'il attribue à Dieu lui-même. "Bien qu'il lui soit possible et facile de réprimer l'erreur et la déviation morale, Dieu peut-il choisir dans certains cas de 'ne pas l'empêcher' sans entrer en contradiction avec son intime perfection ? Peut-il se faire que, dans des *circonstances déterminées*, il ne donne aux hommes aucun commandement, n'impose aucun devoir, ne donne même aucun droit d'empêcher et de réprimer ce qui est faux et erroné ? Un regard sur la réalité autorise une réponse affirmative. Elle montre que l'erreur et le péché se rencontrent dans le monde dans une large mesure. Dieu les réprouve; cependant, il leur permet d'exister. D'où l'affirmation : 'l'erreur religieuse et morale doit toujours être empêchée quand c'est possible, parce que sa tolérance est en elle-même immorale', ne peut valoir dans un sens *absolu et inconditionné* ". Voilà pour le comportement divin.

Mais Dieu n'a-t-il pas confié cette tâche aux pouvoirs publics ? "D'autre part, poursuit Pie XII, même à l'autorité humaine, Dieu n'a pas donné un tel précepte absolu et universel, ni dans le domaine de la foi ni dans celui de la morale. On ne le trouve ni dans la conviction commune des hommes, ni dans les sources de la révélation, ni dans la pratique de l'Église. Sans parler ici d'autres textes de la Sainte Écriture qui se rapportent à cet argument, le Christ, dans la parabole de la zizanie, a donné l'avertissement suivant : 'Dans le champ du monde, laissez croître la zizanie avec la bonne semence, à cause du froment' (Cf. Matth.XIII,24-30)."

D'où, cette conclusion en ce qui concerne l'État et ses obligations : "Le devoir de réprimer les déviations morales et religieuses ne peut donc être une norme ultime d'action. Il doit être subordonné à des *normes plus hautes et plus générales* qui, dans *certaines circonstances*, permettent et même font peut-être apparaître comme le parti le meilleur celui de ne pas empêcher l'erreur, pour promouvoir *un plus grand bien*." (c.1605-1606).

Et qu'en est-il pour l'Église ?

D'abord, en ce qui concerne l'erreur dogmatique ou la déviance morale : "Sur ce point, il n'y a jamais eu et il n'y a pour l'Église aucune hésitation, aucune pactisation, ni en théorie ni en pratique. Son attitude n'a pas changé durant le cours de l'histoire, et elle ne peut changer" (c.1607).

Ensuite, par rapport à la "tolérance" ? "Même dans des cas où l'on pourrait procéder à la répression, l'Église — eu égard à ceux qui avec une bonne conscience (même erronée mais incorrigible) sont d'opinion différente — s'est vue incitée à agir et a agi selon cette tolérance après que, sous Constantin le Grand et les autres empereurs chrétiens, elle fut devenue Église d'État, mais ce fut toujours pour des motifs plus élevés et plus importants; ainsi fait-elle aujourd'hui et fera-t-elle dans l'avenir, si elle se trouve en face de la même nécessité. Dans de tels cas particuliers, l'attitude de l'Église est déterminée par la volonté de protéger le *bonum commune* : celui de l'Église et celui de l'État dans chacun des États d'une part et, de l'autre, le *bonum commune* de l'Église universelle, du règne entier de Dieu sur le monde. Pour apprécier le pour et le contre dans la détermination de la *quaestio facti*, l'Église n'observe pas d'autres normes que celles que Nous avons déjà indiquées pour le juriste et l'homme d'État catholique" (c.1607-1608). C'est ainsi qu'il faut entendre les conventions, concordats et traités de l'Église avec des États souverains.

On a constaté, dans l'argumentation du Pape, l'influence d'une sorte d'axiome courant dans les discussions de cet ordre jusqu'au milieu du XXe siècle : "l'erreur n'a pas de droits". On n'y recourt plus aujourd'hui. Non point pour dire et estimer désormais que l'erreur est un "bien". Ni pour inciter à ne pas s'efforcer de rectifier les erreurs en cours. Mais, pour les juristes, ce sont les "personnes" qui ont des droits, et les erreurs devraient être rectifiées par le dialogue sous toutes ses formes et par des démarches humaines et personnelles.

Par ailleurs, la manière dont l'exposé pontifical parle de la "tolérance", et de l'attitude de Dieu lui-même à ce propos, montre que la réflexion s'avance vers la position qui deviendra celle de la "liberté religieuse", y compris l'allusion à la parabole du Christ sur le froment et la zizanie. A ce moment, le terme même de "tolérance", au sens de "tolérer un mal", sera évité. Pie XII ne disait-il pas aux juristes italiens que l'affirmation "la tolérance d'une erreur est en elle-même immorale" ne peut valoir "dans un sens *absolu et inconditionné* " ?

☆ ☆ ☆

Le thème de la "tolérance" en matière religieuse a été repris, et de manière significative, dans le Message de Jean-Paul II pour la Journée de la Paix (janvier 1991)[83]. Il y est question notamment de l'"intolérance religieuse", en rapport avec la paix.

Le Pape reconnaît que, à ce propos, "bien des difficultés et même des conflits sont nés au cours des siècles entre les chrétiens et les membres d'autres religions", et l'on rencontre parfois, dit-il en citant la Déclaration *Dignitatis humanae*, 12, "dans la vie du peuple de Dieu, cheminant à travers les vicissitudes de l'histoire humaine, des manières d'agir moins conformes, bien plus, même contraires à l'esprit évangélique".

Jean-Paul II dénonce aussi le danger que peut constituer pour la paix un État de type confessionnel. "On arrive à des situations très délicates lorsqu'une norme spécifiquement religieuse devient, ou tend à devenir loi de l'État sans que l'on tienne compte comme on le devrait de la distinction entre les compétences de la religion et celles de la société politique. Identifier loi religieuse et loi civile peut effectivement étouffer la liberté religieuse et aller jusqu'à limiter ou nier d'autres droits inaliénables de l'homme".

L'intolérance, poursuit le Pape, peut être aussi le fruit d'un certain fondamentalisme. "Celui-ci est une tentation qui revient sans cesse. Il peut facilement entraîner de graves abus comme la suppression radicale de toute manifestation publique de différence ou même le refus de la liberté d'expression comme telle".

La tolérance pourrait-elle être, à certaines conditions, une "vertu" de caractère "positif" ? Voici un passage capital du Message : "*La liberté de conscience* correctement conçue est par nature *toujours ordonnée à la vérité.* C'est pourquoi elle conduit non à l'intolérance mais à la tolérance et à la réconciliation. Cette tolérance n'est pas une vertu passive car elle a ses racines dans un amour actif et elle tend à se transformer et à devenir un effort positif pour assurer la liberté et la paix à tous".

"Toujours ordonnée à la vérité". La liberté religieuse n'est en aucune façon un laissez-passer pour toutes les formes de licence et de libertinisme. Par ailleurs, si la "vérité" est un don du ciel, elle n'advient pas en nous à la manière d'un météorite. "Elle doit être cherchée selon la manière propre à la personne humaine et à sa nature sociale", explique la Déclaration *Dignitatis humanae*, 3, "à savoir par une libre recherche, à l'aide de l'enseignement et de l'éducation, des échanges et du dialogue, par lesquels les uns exposent aux autres la vérité qu'ils ont trouvée ou pensent avoir trouvée, afin de s'aider mutuellement dans la quête de la vérité; la vérité une fois connue, c'est par un assentiment personnel qu'il faut y adhérer fermement".

Ainsi est-il rappelé que la liberté religieuse, si elle a un fondement juridique, s'appuie également sur un fondement "moral", que souligne vivement Mgr Ph. Delhaye[84].

Mais comment parler de la tolérance "œcuménique" sans mentionner le Discours prononcé par le Pape Jean-Paul II au cours de son IVe Voyage en Pologne, le 9 juin 1991, à l'occasion d'une Rencontre œcuménique[85]. La déclaration allait réellement au-delà de la "tolérance réciproque". "Frères et Sœurs dans le Christ, disait le Pape, si nous rappelons au monde la nécessité de la tolérance entre les Églises, cela ne veut pas dire que la tolérance suffit à elle seule. Ce n'est décidément pas assez. Une simple tolérance ne peut pas suffire aux chrétiens et aux Églises du Christ. Parfois, l'on tolère en effet, même le mal, au nom d'un plus grand bien. Je ne voudrais pas que vous me tolériez tout simplement, et je ne veux pas vous tolérer tout simplement, mes frères et sœurs. Quels frères et sœurs sont ceux qui se tolèrent simplement ? Quels *frères et sœurs dans le Christ* sont ceux qui se tolèrent simplement ? Nous sommes vraiment les fils aimés par le Père, les fils aimés dans le Fils, nous sommes la demeure de l'Esprit Saint, nous sommes l'Évangile, nous sommes rattachés au Christ, désaltérés par son Esprit. Chacun à sa façon, en proportion du don du Christ et de ses propres voies, parfois difficiles à comprendre et à évaluer".

3- Le "droit pour chacun d'honorer Dieu..."

Dans leurs débats concernant la "tolérance", sa nature, son application, les théologiens ne sont pas unanimes.

Pour certains d'entre eux, l'erreur demeure toujours une erreur, et l'erreur n'a pas de droits. Certes, l'encyclique *Pacem in terris* déclare que "chacun a le droit d'honorer Dieu suivant la juste règle de sa conscience". Mais il ne peut être question ici, disent-ils, que d'un "droit civil" accordé à tous les citoyens d'un État en vertu d'une Constitution ou d'une politique de "liberté religieuse". En effet, pour être "droite", la conscience doit être en conformité avec la vérité objective.

D'autres théologiens estiment, tout d'abord, que ce sont les personnes qui jouissent d'un droit, et non une doctrine. Ceci est reçu actuellement par tous les juristes. Le Document de Fribourg sur la liberté religieuse faisait déjà remarquer que l'expression "les droits de la vérité" était ambiguë. "Au sens propre des termes, la vérité n'a pas de droits. Le véritable sujet de droits est la personne humaine et les sociétés en tant qu'elles sont composées de personnes humaines. Ce qui est vrai, c'est que la personne a des obligations à l'égard de la vérité"[86]. Le P. J. Hamer ajoute immédiatement : "Le droit régit les rapports interpersonnels; il ne faut donc pas parler des droits de la vérité, mais de sa valeur et de sa primauté". Par ailleurs, ces mêmes théologiens font valoir que, suivant une école théologique connue, la "conscience invinciblement erronée" peut également être une conscience "honnête et droite".

Deux points seront dès lors examinés ci-après : qu'est-ce qu'une conscience "droite" et qu'est-il advenu du passage cité de *Pacem in terris* au cours des débats conciliaires de Vatican II ?

☆ ☆ ☆

L'encyclique *Pacem in terris* s'exprime en ce domaine de manière inhabituelle : "ad rectam conscientiae suae normam", selon la "droite norme" de "sa" conscience. En traduction italienne, ce passage est devenu "secondo il dettame della retta coscienza", selon le jugement de la "conscience droite"[87]. Une question se posait immédiatement : quand peut-on parler de "conscience droite" ? Et si l'interprétation théologique traditionnelle de cette formule comportait divers courants, doit-on considérer que le Pape Jean XXIII a opté en faveur de l'un d'entre eux ?

La question a été examinée, à l'époque, par L. Janssens, professeur à l'Université catholique de Louvain, dans une étude brève, dense et claire *Liberté de conscience et liberté religieuse* [88]. D'une recherche historique débutant au XIIe siècle, et à travers les broussailles des hésitations et des malentendus, il semble qu'on peut dégager deux traditions théologiques, avec leurs deux coryphées respectifs : saint Thomas et Suarez.

Pour saint Thomas, explique L. Janssens (p. 9-15), le qualificatif *rectus* désigne la conformité à la vérité objective. Ainsi, la conscience est droite lorsque son jugement est conforme aux exigences objectives de la norme morale. Cette norme morale objective est désignée par le terme *ratio* (*secundum rationem, ordini rationi*, etc.). Cette *ratio* est la règle de notre volonté "en tant qu'elle reflète la loi éternelle" ou aussi "lorsqu'elle est conforme à la volonté de Dieu", par exemple lorsque Dieu communique un ordre particulier à une personne.

Dans la norme subjective de la conscience que constitue le jugement de conscience, saint Thomas fait également intervenir la *ratio*. Mais ce *dictamen rationis* peut être erroné et "dans ce cas, la volonté qui lui obéit n'est pas droite, parce qu'elle n'est pas conforme à la loi éternelle". Pour saint Thomas, donc, la volonté humaine dépend beaucoup plus de la loi éternelle que de la raison humaine; et là où la raison humaine fait défaut, il faut recourir à la loi éternelle : manifestum est quod multo magis dependet bonitas voluntatis humanae a lege aeterna, quam a ratione humana : et ubi deficit humana ratio, oportet ad rationem aeternam recurrere" (1a2ae, qu.19, art.4, c.).

Résumant la pensée de saint Thomas à ce sujet, le P.M.-S. Gillet écrit : "L'ordre divin, comme l'ordre rationnel qui le reflète, est antérieur à la volonté divine qui le suppose et ne le constitue pas, non d'une priorité de temps, mais de nature. C'est dans la raison divine, et par elle qui en prend éternellement conscience, dans l'être de Dieu, que l'ordre des choses est constitué; que sont fixées les essences des choses. La volonté divine n'intervient que pour réaliser cet ordre, ces essences; que pour les faire exister. S. Thomas qualifie de blasphématoire la prétention de ceux qui veulent faire dépendre l'ordre des choses, leur essence, leur nature, de la volonté de Dieu et non de la raison divine, comme s'il dépendait de la volonté de Dieu de changer cet ordre, ces essences, ces natures"[89]. Puis, le commentaire conclut : "Ainsi se déroule logiquement l'*ordre moral* : raison éternelle; ordre rationnel; intuition, par la syndérèse, des premiers principes de cet ordre relatifs à l'action; constitution par la raison droite des conclusions ou règles de la moralité; application, par la conscience, sous l'influence de la prudence, c'est-à-dire de la raison droite et de la volonté droite conjuguées, des règles de moralité à des cas particuliers, à l'action concrète" (p. 460).

Une autre tradition théologique, poursuit L. Janssens (p. 15-26), est représentée par Suarez, suivi par des théologiens de la Compagnie de Jésus. La conscience vraie ou erronée peut se présenter de deux manières, écrit-il. Elle peut être vraie *spéculativement*, si son jugement est conforme aux exigences objectives de la norme morale. Mais elle peut également être vraie *pratiquement* (à savoir dans son efficience, son activité), lorsqu'on tient compte de la situation particulière de celui qui agit. Surarez argumente à partir de la méprise de Jacob, qui s'unit de bonne foi à Lia, introduite par fraude à la place de Rachel dans la chambre nuptiale (Gen.29, 22-25). En ce cas, dit-il, une conscience erronée de manière invincible et dès lors non coupable, a pour effet la "coexistence" d'une erreur spéculative et d'une vérité pratique. "La vérité du jugement de conscience est appelée pratique, parce qu'il y a conformité réelle avec la volonté du sujet qui, dans la situation concrète, est vraiment droite". Aussi, une erreur invincible et partant non coupable n'empêche pas la conscience d'être droite, *recta conscientia*. "Notre volonté étant honnête ou droite, le jugement de conscience qui la guide, sera lui aussi droit ou pratiquement vrai" (p. 18). – Tout ceci implique évidemment une erreur invincible non coupable, et donc un sujet qui s'est trouvé dans l'impossibilité morale d'atteindre la vérité. Mais aussi un sujet dont l'orientation foncière et l'option fondamentale de l'existence consiste à s'efforcer de réaliser toujours ce que Dieu veut de nous, bref, une poursuite radicale et globale de ce qui est bien moralement.

Pour Suarez, dans les perspectives de la psychologie scolastique, un acte de volonté peut être motivé par l'amour du bien moral comme tel, *absolute, ut sic*. Et pareille motivation suffit pour que l'agir humain obtienne sa structure propre et complète d'acte moral. Saint Thomas n'a pas considéré que cette disposition spéciale, cet habitus distinct de la volonté, fût nécessaire : pour lui, la volonté elle-même est suffisamment portée au bien moral comme tel. Suarez, quant à lui, estime que la volonté humaine, attirée par une grande diversité de biens, requiert un habitus vertueux ayant pour objet formel "le" bien moral. Et cet habitus peut s'affirmir au cours de l'existence, il peut devenir comme une seconde nature favorable globalement à tout bien, ce qui, dans la vie, peut faciliter l'accomplissement correct d'actes vertueux particuliers.

Alors, faut-il en rester à opposer "conscience droite" thomiste à "conscience droite" suarézienne ? Peut-être pourrait-on adopter la solution suivante. Dans les citations de Suarez alléguées par L. Janssens, on rencontre fréquemment les termes "honestus" et "honestas". Conscience "droite et honnête", dit à diverses reprises L. Janssens (p. 18, 19, 20, 21). "Honestas", chez Suarez lui-même (p. 21, 24). Parfois aussi "sincère" (p. 25-26). Bref, alors que, dans la pensée thomiste, la rectitude de la conscience est radicalement liée à la vérité "objective", chez Suarez, la droiture de l'action est intimement dépendante de la bonne disposition fondamentale du "sujet" qui agit : "ut hic et nunc comparatur ad operantem" (p. 19). Dès lors, en cas d'erreur invincible, ne pourrait-on parler de conscience "honnête", "sincère", "justifiée" par une option fondamentale en quête de vérité ? En français, par exemple, "rectitude" de conscience ou de jugement se dit dans la perspective de l'"objet", tandis que "droiture" évoque plutôt une disposition du "sujet". Chaque langue doit avoir un vocabulaire susceptible de souligner ce qui s'exprime du point de vue de l'objet ou du point de vue du sujet.

☆ ☆ ☆

Qu'en est-il advenu au cours du Concile Vatican II ?

Le 19 novembre 1963, Mgr É.-J. De Smedt présenta aux Pères conciliaires de Vatican II un premier projet de schéma sur la "liberté religieuse"[90]. Le thème de l'"agir selon sa conscience" y occupait une place importante. "Positivement parlant, la liberté religieuse est le droit de la personne humaine au libre exercice de la religion, conformément aux exigences de sa conscience. Négativement parlant, la liberté religieuse est l'absence de toute contrainte extérieure dans les relations personnelles avec Dieu revendiquées par la conscience humaine". L'appel à la conscience humaine était une donnée axiale de ce projet.

Développant l'argumentation sur laquelle ce projet repose, le rapporteur ajouta : les catholiques "doivent reconnaître et respecter le droit et le devoir qu'ont les non-catholiques d'obéir à leur conscience, même si, après examen sincère et suffisant, celle-ci persiste de bonne foi dans l'erreur". La raison ? En vertu de la nature même de l'acte de foi. "Celui-ci, en effet, *de la part de Dieu*, est un don surnaturel que l'Esprit-Saint accorde librement à qui et quand il veut, mais *de la part de l'homme*, c'est et ce doit être un assentiment que l'homme donne librement à Dieu. C'est pourquoi, le non-catholique qui, en suivant sincèrement sa conscience, n'embrasse pas la foi catholique et erre en matière de foi, doit être considéré et estimé par tous les membres de l'Église catholique" (c.73-74).

Parmi les arguments allégués dans le rapport figure l'encyclique *Pacem in terris*. Jean XXIII, dit Mgr É.-J. De Smedt, y souligna deux chefs de doctrine : "1° En vertu du droit naturel, la personne humaine a droit au libre exercice de la religion dans la société, selon les dictamens d'une conscience droite, que cette conscience soit dans la vérité ou dans l'erreur, ou qu'elle ait une connaissance insuffisante de la religion (cf. AAS,LV,1963,p.299); 2° À ce droit correspond un devoir qui incombe aux autres hommes et aux pouvoirs publics, celui de reconnaître et de respecter ce droit pour que la personne humaine, dans la société, soit préservée de toute contrainte, quelle qu'elle soit (*ibid.*, p. 273-274)" (c.76).

Alors, le Pape Jean XXIII, dans *Pacem in terris*, a-t-il pris parti pour l'une ou l'autre des positions théologiques ?

Si le passage cité : "selon la droite norme de sa conscience" est à comprendre selon la doctrine de saint Thomas, il ne concerne pas la liberté religieuse telle qu'elle est présentée par *Dignitatis humanae* et il ne peut constituer un argument en sa faveur.

Mais L. Janssens a fait remarquer que *Pacem in terris* parle de la conscience personnelle, *conscientiae "suae"* : ce qui n'est pas la façon habituelle de formuler la doctrine de saint Thomas, mais conviendrait bien à celle de Suarez. "On comprend, précise-t-il, que pour sauvegarder la dignité de la personne humaine, Jean XXIII proclame la liberté de la profession privée et publique de la religion, *ad rectam conscientiae suae normam* si, même dans le cas de l'ignorance invincible, cette *rectitude* suppose l'amour de la vérité et l'amour du bien moral ou de ce qu'on croit être la volonté de Dieu"[91].

Selon deux excellents connaisseurs de l'élaboration de la Déclaration *Dignitatis humanae*, le P. J. Hamer et Mgr P. Pavan, il est très plausible que le Pape Jean XXIII, mis au courant des différentes tendances théologiques sur ce sujet, et soucieux de maintenir la possibilité de recherches ultérieures, n'a pas voulu trancher cette controverse.

Dans *Libertà religiosa e pubblici Poteri*, le cardinal P. Pavan examina brièvement la question ainsi que les arguments des uns et des autres[92]. Ce qui est certain, dit-il, c'est que Jean XXIII était tout-à-fait au courant de l'existence de "deux positions fondamentales" et "selon toute probabilité, il pensait que, en une matière aussi délicate, il serait plus qu'opportun, nécessaire d'approfondir ultérieurement les recherches". Et P. Pavan conclut : "Ceci peut expliquer de manière plausible le fait que ce droit soit formulé à l'aide d'une expression qui laisse ouverte la discussion; de manière que ni l'une ni l'autre des deux positions doctrinales n'en soit ni confirmée, ni réprouvée; et de façon que la recherche sur ce sujet, loin de rencontrer un obstacle, soit au contraire encouragée".

Après avoir pris connaissance de l'appréciation du cardinal P. Pavan, le P.J. Hamer conclut à son tour : "Cette explication me paraît la plus convaincante. Le pape n'a pas voulu trancher un point de théologie. Après comme avant *Pacem in terris*, les deux thèses ont droit de cité dans l'Église"[93].

CONCLUSION

L'État moderne non-confessionnel et garant de la liberté civile en matière religieuse est d'origine récente, même en Europe. Dans cette perspective, l'État occupe seul désormais tout le champ de la puissance publique. La doctrine traditionnelle des "deux Pouvoirs" est abandonnée. Mais qu'on ne se méprenne point : "le régime normal, naturel des Églises dans le monde contemporain ne consiste pas à être intégrées dans la sphère de l'État, mais d'occuper l'espace public de la société civile. Nous sommes dès lors aux antipodes de la religion comme confinée dans le domaine 'privé' "[94].

Il appartient dès lors aux Églises — pour nous en tenir à elles — de déterminer de manière judicieuse et évangélique les formes adéquates à adopter pour vivre ce statut de "fait religieux" dans l'espace public de la société civile. L'entreprise, plus neuve qu'il peut paraître à première vue, est complexe et délicate, car soumise à mille et un aléas.

Il appartient également aux Églises de maintenir réel le respect des droits humains fondamentaux en matière religieuse. Car aujourd'hui comme hier, des mouvements laïcistes ouvertement agressifs à l'égard de toute vérité révélée, occupent à leur manière cet espace public de la société civile. Et le Concile Vatican II, nonobstant son optimisme, nous rappelait déjà qu'un dur combat attend les chrétiens au cours de l'histoire : "commencé dès les origines, il durera, le Seigneur nous l'a dit, jusqu'au dernier jour"[95].

L'adoption d'une nouvelle conception de l'État par le monde contemporain a eu des répercussions et amené des changements dans la doctrine catholique des relations "Église"-"État".

Les recherches théologiques en ce domaine ont trouvé un aboutissement à l'occasion du Concile Vatican II. Celui-ci "a résolument voulu placer le problème des rapports de l'Église et des sociétés politiques sur un terrain commun aux deux protagonistes. Elle l'a trouvé dans la notion juridique de la liberté religieuse, que le droit contemporain range parmi les droits inaliénables de l'homme... L'accent se déplace maintenant de la distinction des 'deux sociétés parfaites' à l'aménagement du cadre juridique garantissant à l'Église sa liberté dans la société civile"[96].

La finale de la Déclaration *Dignitatis humanae*, 13, décrit bien cette nouvelle condition de la communion ecclésiale dans tout État "moderne". "Dans la société humaine et devant tout pouvoir public, l'Église revendique la liberté... en tant que société de personnes (*societas hominum*) ayant le droit de vivre, dans la société civile, selon les préceptes de la foi chrétienne. Dès lors, là où existe un régime de liberté religieuse... sincèrement mis en pratique, là, l'Église trouve enfin, de droit et de fait, la condition stable qui lui assure l'indépendance nécessaire à l'accomplissement de sa mission divine... Il y a donc accord entre la liberté de l'Église et cette liberté religieuse qui... doit être reconnue comme un droit et sanctionnée dans l'ordre juridique". "*Societas hominum* "[97], c'est-à-dire une "association organisée de fidèles", à savoir, ici, la communion ecclésiale, l'Église.

NOTES

1   Texte distribué par le Centre de Presse, dans la *Documentation catholique* 1988, p. 1043-1046; cit., p. 1045. Trois sigles seront utilisés dans la suite : OR, *l'Osservatore Romano,* DC, *la Documentation catholique,* AAS, *Acta Apostolicae Sedis.*

2   Voir la revue *Athéisme et dialogue* du Conseil Pontifical pour le Dialogue avec les Non-croyants, t.24, 1989, p. 289-381 (fasc. 4 de 1989); cit. p. 316.

3   Bref dossier de la question dans G. THILS, *Le statut de l'Église dans la future Europe politique,* Louvain-la-Neuve, Peeters, 1991, 108 p.

4   Fr. RIGAUX, *Introduction à la science du droit,* Bruxelles, Éd. Vie ouvrière, 1974, p. 369-374.

5   On trouvera des mises au point judicieuses sur les conditions de composition et d'interprétation des documents ecclésiastiques en matière sociale dans les *Orientations pour l'étude et l'enseignement de la doctrine sociale de l'Église* publiées par la Congrégation pour l'Éducation catholique en juin 1989. Texte original français dans DC 1989, p. 774-803.

6   Dans les *Orientations* signalées à la n.5. Voir ce Document, n.11, dans DC 1989, p. 777.

7   G. PHILIPS, *L'Église et son mystère au deuxième Concile du Vatican,* Desclée, t.II, 1968, p. 33.

8   Voir DC 1989, p. 791.

9   Dans l'étude de Mgr A. HOUSSIAU−J.-P. MONDET, *Le sacerdoce du Christ et de ses serviteurs selon les Pères de l'Église,* Louvain-la-Neuve, Centre d'histoire des religions, 1990, p. 5-6.

10   Voir L. GENICOT, *Les lignes de faîte du Moyen Age,* Casterman, 1951, 394 p.; citations : p. 55 et p. 58-59.

11   *Les droits de l'homme et l'Église,* Cité du Vatican, Conseil Pontifical "Justice et Paix", 1990, 75 p.; cit. p. 27.

12   P.A. d'AVACK, *La Chiesa e lo Stato nella nuova impostazione conciliare,* dans *Il Diritto ecclesiastico,* t. 82, 1971, p. 21-50.

13   Texte français officiel dans OR 19 janv. 1983; DC 1983, p. 147.

14   Dans *Vatican II. La Constitution dogmatique sur l'Église,* t. II (*Unam Sanctam,* 51 b), Cerf, 1966, p. 517-539; cit. p. 519, 524, 528, 529.

15   Dans *La foi et l'inculturation,* texte français de la Commission internationale de théologie dans DC 1989, p. 281-289; cit. p. 283.

"*Gratia non tollit, sed perficit naturam*", rappelait le cardinal J. Hamer, le 24 sept. 1991, au Congrès de la Société internationale Thomas d'Aquin; voir OR, Éd. hebd. franç., 8 oct. 1991, p. 7.

[16] Voir AAS, 31 août 1910, p. 607-633; cit., p. 612.

[17] Texte latin : *Acta et Docum. Conc. Oecum. Vat. II Apparando*, Series II (Praep.), Vol. II, Pars IV, p. 657-661.

[18] Voir DC 1945, c.225-230.

[19] Dans DC 1958, c.1199-1200.

[20] Voir DC 1946, c.1-8.

[21] Compte rendu dans DC 1946, c.1075-1083.

[22] Dans DC, 1958, c.1267-1274.

[23] Voir DC 1958, c.1267-1268.

[24] Trad. franç., DC 1946, c.1083-1086.

[25] Voir OR 9 sept. 1955; trad. franç. DC 1955, c.1217-1228, à laquelle renvoient les citations qui suivent.

[26] Voir OR 28 août 1946; DC 1946, c.1084.

[27] L. SPINELLI, *Problematica attuale nei rapporti tra Chiesa e Stato*, Modena, Mucchi, 1970, p. 30.

[28] Voir F.J. MOULART, *L'Église et l'État ou les deux Puissances*, Louvain, 1878, 578 p. Les références qui suivent sont reprises de cet ouvrage, pp. 182, 183, 184-185, 573.

[29] Louvain, E. Peeters, 1991, 108 p.

[30] Voir OR, 9-10 janv. 1989; DC 1989, p. 197-200; cit. p. 199.

[31] Dans *Le supplément*, n°175, déc. 1990, p. 5-27.

[32] Voir *Gaudium et spes*, nn.73-76. Aussi R. TUCCI, *La vie de la communauté politique*, dans *Vatican II. L'Église dans le monde de ce temps*, t. II (*Unam Sanctam*, 65b), Paris, Cerf, 1967, p. 517-570.

[33] Card A. CICOGNANI, *Le bien commun et la personne dans l'État contemporain*, dans DC 1964, c.717-722; *Gaudium et spes*, 74 §1; B. MONTANARI, *Stato e bonum commune*, dans *Riv. Teol. Mor.*, t. 6, 1974, p. 527-532; A. GEHRING, *Ueber das Gemeinwohl. Ein vergessener Begriff*, dans *Stim. d. Zeit*, t. 191, 1973, p. 339-351; E. GARCIA ESTÉBANEZ, *El bien comun y la moral politica*, Barcelona, Herder, 1970, 167 p.

[34] Sur le principe de subsidiarité : L. ROSA *Il "principio di sussidiarietà" nell'insegnamento sociale della Chiesa*, Milan, 1963; K. GLASER, *Das Subsidiaritätsprinzip und die Frage seiner Verbindlichkeit nach Verfassungs-und Naturrecht*, Munich, 1965; F. KLUEBER, art. *Soziallehre*, dans *Lex. Theol. Kirche*, Herder, 1964, c.917-920.

[35] Sur les groupes intermédiaires et les minorités : voir diverses déclarations des Papes ou des épiscopats depuis Pie XI dans G. THILS, *Le statut de l'Église dans la future Europe politique*, Louvain-la-Neuve, 1991, p. 18-20, 33-34, 38, 41, 47, 51-52, 61-62, 64-65, 78-79. Ajouter : le Message du Pape pour la Journée de la Paix, du 1er janvier 1989, dans DC 1989, 51-54. De même, dans les Discours de Jean-Paul II aux diverses "minorités" : Chr. de MONTCLOS, *Les voyages de Jean-Paul II*, Centurion, 1990, p. 208-218. Et également : C. MORTATI, *La persona, lo stato e le comunità intermedie*, Turin, ERI, 1971, 213 p.

[36] P. PAVAN, *Dignitatis humanae. Dichiarazione sulla libertà religiosa*, Casale Monferrato, Éd. Piemme, 1986, p. 46-47.

[37] Voir DC 1964, p. 1329-1330. Sur la situation de certaines Églises en Europe de l'Ouest où a existé ou existe encore une certaine

"confessionnalité", voir *La liberté religieuse dans le monde*, dir. J.-B. d'ONORIO, Édit. Univers., 1991, Deuxième Partie : *La liberté religieuse selon les sociétés politiques*, p. 117-170.

38 Voir J.-B. d'ONORIO, *Religions et libertés dans les constitutions d'Europe de l'Ouest*, dans le recueil *La liberté religieuse*, Éd. Univers., Aix-en-Provence, 1991, p. 117-147. Aussi : P. PAVAN, *Libertà religiosa e pubblici poteri*, Milan, Ancora, 1965, 386 p.; P. LEISCHING, *Kirche und Staat in den Rechtsordnungen Europas*, Fribourg (All.), Rombach, 1973, 221 p.; R. MINNERATH, *Le droit de l'Église à la liberté. Du Syllabus à Vatican II*, Beauchesne, 1982, p. 163-175; Gr. DENTE, *La religione nelle costituzioni europee vigenti*, Milan, Giuffrè, 1980.

39 Voir R. MINNERATH, *L'Église et les États concordataires (1846-1989). La souveraineté spirituelle*, Cerf, 1983, 510 p.; P. DE LUCA, *Il diritto di libertà religiosa nel pensiero costituzionalistico ed ecclesiastico contemporaneo*, Padoue, CEDAM, 1969, 360 p.; *La Institution concordataria en la actualidad*, Madrid, Cons. Sup. Inv. Cient., 1971, 576 p.

40 P.A. d'AVACK, *La Chiesa e lo Stato nella nuova impostazione conciliare*, dans *Il Diritto ecclesiastico*, t. 82, 1971, p. 21-50.

41 Padoue, Cedam, 1975, 156 p.

42 Dans son ouvrage *Problematica attuale nei rapporti tra Chiesa e Stato*, Modena, Mucchi, 1970, p. 9-56.

43 Editions E. Peeters, B.P. 41, à B-3000 Leuven (Belgique).

44 P. L. WEINECHT, *Staat. Studien zur Bedeutungsgeschichte des Wortes von den Anfängen bis ins 19 Jh.*, Berlin, Duncker u. Humblot, 1968, 263 p.; F. BERBER, *Das Staatsideal im Wandel der Weltgeschichte*, Munich, Beck, 1973, 574 p.; *Philosophie de la Cité*, Desclée, 1974, 289 p.; A. PASSERIN D'ENTRÈVES, *La notion d'État*, Paris, Sirey, 1969, 282 p.; G. BURDEAU, *Traité de science politique*, t. II, *L'État*, 3e éd., Paris, 1980.

45 A. PAVAN, *Vita politica e laicità dello Stato*, dans *Riv. Teol. Morale*, Fasc. 41, 1979, p. 385-417. Les citations sont reprises de ce texte. Aussi : G. BARBAGLIO, *Le sens biblique de la laïcité*, Cerf, 1989, 172 p.

46 Sur la "non-confessionnalité", voir : R. REMOND, art. *Confessionnalisme et Cléricalisme*, dans *Encycl. Universalis*, t. 4, p. 854-856; P.A. d'AVACK, *Confessionismo*, dans *Encicl. Diritto*, t. VIII, Milano, 1961; L. DE NAUROIS, *État confessionnel et État laïque*, dans *Cahiers du Droit*, n°42, p. 93-108; L. DE NAUROIS, art. *Laïcité*, dans *Encycl. Universalis*, t. 9, p. 743-746 (avec bibliographie, p. 746); J. BAUBÉROT, *Un christianisme profane* (dans "L'Avant-Garde", 1899-1911), P.U.F., 1978, 295 p.; A. VITALE, *La fine della "religione di Stato"*, dans *Il Dir. Eccles.*, t. 90, 1979, p. I, p. 78-124.

47 L. DE NAUROIS, art. *Laïcité*, dans *Encycl. Universalis*, t. 9, p. 743-746.

48 Sur cette dernière *Déclaration*, voir le texte dans OR 24-25 août 1983, ainsi que dans DC 1984, p. 338-340. Sur le sujet, étude fouillée de Mgr J. MULLOR GARCIA, *Le Saint-Siège, l'ONU et la liberté religieuse*, dans *La liberté religieuse dans le monde*, éd. J.-B. d'ONORIO, Édit. Univers., 1991, p. 83-114.

49 Sur les "limites" de ces droits, voir A. VERDOODT, *Naissance et signification de la Déclaration universelle des Droits de l'homme*, Louvain, Nauwelaerts, 356 p., où sont analysées les diverses étapes préparatoires à l'adoption de la Déclaration. Sur le fondement de ces droits : *Le Fondement des droits de l'homme. Entretiens de l'Aquila*, Firenze, La Nuova Italia, 1966, 402 p. Sur le cadre juridique des droits : K. VASAK, *Les dimensions internationales des droits de l'homme*, Paris, Unesco, 1978, 780 p.

50 Voir DC 1979, p. 872-879, cit., p. 879.

51 Dans OR 15 nov. 1980; DC 1980, p. 1172-1175; cit., p. 1173.

52 Voir OR 28 févr. 1986; DC 1986, p. 365-366.

53 Dans OR 15 nov. 1980; DC 1980, p. 1173-1174.

54 L'expression est du Pape Jean-Paul II, par exemple dans le Discours au Corps diplomatique, au cours du 4ème voyage en Pologne, en 1991 : DC 1991, p. 695; OR éd. hebd. franç., 30 juillet 1991, p. 8.

55 Dans *Nouveaux enjeux de la laïcité*, Paris, Centurion, 1990, p. 113.

56 Le thème "la laïcisation de la laïcité" est développé par J.-P. WILLAIME, dans *Lumière et vie*, n°190, de décembre 1988, p. 47-51, et par Cl. GEFFRÉ, dans *Genèse et enjeux de la laïcité*, Labor et Fides, 1990, p. 157-163.

57 Voir A. PAVAN, *Vita politica e laicità dello Stato*, dans *Riv. Teol. Mor.*, fas. 41, 1979, p. 394-398.

58 Voir A. MESNARD, *L'action culturelle des pouvoirs publics*, Paris, 1969; M. BOULLET, *Le choc des médias*, Paris, Desclée, 1985, 298 p.; *L'information (Recherches et débats, 91)*, Paris, Desclée De Brouwer, 1979, 211 p.; J. HEMELS — H. HOEKSTRA, *Media en religieuze communicatie*, Hilversum, Gooi en Sticht, 1985, 448 p.

59 Sur la mentalité scientifico-positiviste : J. LADRIÈRE, *Les enjeux de la rationalité. Le défi de la science et de la technologie aux cultures*, Paris, Aubier, 1977, 221 p.; J. HABERMAS, *La technique et la science comme idéologie*, Paris, Gallimard, 1973, 212 p.

60 Indépendamment des dispositions personnelles des présentateurs ou journalistes, on a déjà fait observer que, les émissions télévisées étant devenues "émissions-spectacle", les données religieuses les plus fondamentales échappent inévitablement à l'information; et ce, parfois, au nom d'une certaine conception de l'"objectivité" !

61 Voir G. GAUTHIER — Cl. NICOLET, *La laïcité en mémoire*, Paris, Edilig, p. 9.

62 C'est au nom d'une saine laïcité que Mgr Duval, en octobre 1991, s'est élevé contre la diffusion de campagnes publicitaires susceptibles de heurter plusieurs millions de Français. "Je demande que la foi catholique soit respectée au même titre que l'est celle des autres croyants de ce pays"; "Les catholiques ne sont pas, que je sache, une minorité méprisable" (Cfr. *La Vie*, n°2409, 31 oct. 1991, p. 14; aussi *Le Monde*, 29 oct. 1991, p. 12).

63 Voir DC 1989, p. 774-803.

64 J. LADRIÈRE, *Les enjeux de la rationalité*, Paris, Aubier, 1977, p. 77.

65 Paris, Cerf, 1980, p. 217-218.

66 Dans DC 1989, p. 281-289.

67 Voir DC 1985, p. 9-10.

68 Dans DC 1988, p. 248-249.

69 Dans DC 1989, p. 774-803.

[70] G. THILS, *Pour une théologie de structure planétaire*, Louvain-la-Neuve, E. Peeters, 1983, 80 p.

[71] G. PHILIPS, *L'Église et son mystère au IIème Concile du Vatican*, t. II, Desclée, 1968, p. 32.

[72] P. RICŒUR, *L'image de Dieu et l'épopée humaine*, dans *Histoire et vérité*, Paris, Seuil, 2ème édition, 1964, p. 112-131; cit., p. 126.

[73] SAINT THOMAS D'AQUIN, *In II Sent.*, dist. 38, qu. 1, art. 2.

[74] Cfr. *Vatican II. La liberté religieuse (Unam Sanctam, 60)*, Paris, Cerf, 1967, p. 56-57.

[75] R. MINNERATH, *Le droit de l'Église à la liberté. Du Syllabus à Vatican II*, Paris, Beauchesne, 1982, p. 137.

[76] Sur ce sujet, voir : R. FARINA, *La "fine dell'epoca costantiniana*, dans *Salesianum*, t. 30, 1968, p. 523-547; P.A. D'AVACK, *La Chiesa e lo Stato nella nuova impostazione conciliare*, dans *Il Dir. Eccles.*, t. 82, 1971, p. 21-50.

[77] Sur ce "statut", voir E. GALLINA, *Positio ecclesiae catholicae in novo ordine iuridico internationali exoriente*, dans *Ephem. Iur. Can.*, t. 45, 1989, p. 375-433; I. BEYER, *De iuribus humanis fundamentalibus in statu iuridico christifidelium assumendis*, dans *Periodica...*, t. 58, 1969, p. 29-58.

[78] Dans *Recueil des Allocutions consistoriales, encycliques et autres Lettres Apostoliques des Souverains Pontifes... citées dans l'encyclique et le Syllabus de 1964*, Paris, Adrien Le Clere, 1865, 580, p. 461; voir encore, *ibidem*, p. 225, 401.

[79] Voir par exemple L. SPINELLI, *Il principio della laicità dello Stato alla luce dei documenti del Concilio Vaticano II*, dans *Problematica attuale nei rapporti tra Chiesa e Stato*, Modena, Mucchi, 1970, p. 9-56. Les citations qui suivent renvoient à cette étude.

[80] Renseignements concrets nombreux dans L. de NAUROIS, *La non-confessionnalité de l'État en droit français*, dans *Études de droit et d'histoire. Mélanges Mgr H. Wagnon*, Louvain-la-Neuve, Faculté de théologie, 1976, p. 239-254. Également : É. POULAT, *La laïcité au nom de l'État*, dans *Documents Épiscopat*, n°15, octobre 1990, 16 p.

[81] Texte latin : *Acta et Docum. Conc. Vat. II Apparando*, Series II (Praep.), Vol. II, Pars IV, p. 657-661.

[82] Voir OR 7-8 décembre 1953; DC 1953, c.1601-1608; les citations renvoient à la DC.

[83] Texte français officiel dans DC 1991, p. 53-58; cit., p.55.

[84] Dans *Catholicisme*, t. 7, c.682.

[85] Voir OR éd. franç. heb., 6 août 1991, p. 5.

[86] *Vatican II. La liberté religieuse (Unam Sanctam, 60)*, Paris, Cerf, 1967, p. 55.

[87] Texte français de la Polyglotte Vaticane, dans DC 1963, c.513-546. Trad. latine dans OR 11 avril 1963.

[88] Éd. Desclée De Brouwer, 1964, 209 p. Les citations qui suivent renvoient à cette étude.

[89] SAINT THOMAS D'AQUIN, *Les actes humains*, trad. M.-S. GILLET, "Revue des Jeunes", Paris, Desclée et Cie, 1926, p. 459-460.

[90] Texte dans DC 1964, c.71-81; les citations qui suivent se rapportent à cette référence.

91   L. JANSSENS, *Liberté de conscience et liberté religieuse*, Paris, 1964, p. 25.

92   P. PAVAN, *Libertà religiosa e pubblici Poteri*, Milano, Ancora, p. 357.

93   *Vatican II. La liberté religieuse (Unam Sanctam*, 60), Paris, Cerf, p. 71.

94   Extrait de l'intervention de M.É. Poulat au cours du colloque de Klingenthal (18-21 octobre 1989), repris par Fr. RODÉ, *Por una Europa sin fracturas artificiales*, dans *Athéisme et Dialogue*, Revue du Conseil Pontifical pour le Dialogue avec les Non-croyants, t.XXIV, 1989, p. 306.

95   *Gaudium et spes*, n.37, qui cite en note : Mt 24, 13; 13, 24-30 et 36-43.

96   R. MINNERATH, *Le droit de l'Église à la liberté. Du Syllabus à Vatican II*, Paris, Beauchesne, 1982, p. 16. Le changement est décrit et adopté par le Pape Jean-Paul II, au cours d'une homélie prononcée à Salerne, le 26 mai 1985, lors de la célébration du neuvième centenaire de la mort de Grégoire VII. Voir OR, 27-28 mai 1985; trad. franç. dans DC 1985, p. 851-853.

97   La Déclaration *Dignitatis humanae* évoque régulièrement (voir nn.4 et 6), les *communitates religiosae*, les "communautés religieuses", parce qu'elle vise toutes les communautés de croyants de toutes les Religions. Dans ces perspectives, on comprendra mieux l'enjeu du Synode des évêques d'Europe, de décembre 1991, précisé par le Secrétariat général de l'Assemblée : "La reconstruction de la société démocratique en Europe centrale et orientale, et celle de l'Église comme communauté *sui generis* dans la société civile : la citoyenneté surnaturelle et évangélique, sur laquelle insistait avec tant de force saint Paul ..." (OR 17 avril 1991, p. 4; DC 1991, p. 559).

TABLE DES MATIÈRES